원서발췌
하일라스와 필로누스가 나눈
대화 세 마당

## 고전 명작을 읽는 가장 쉬운 길,
## '지식을만드는지식 원서발췌'

축약, 해설, 리라이팅이 아닙니다. 원전의 핵심 내용을 문장 그대로 가져옵니다. 작품의 오리지낼리티를 가감 없이 느낄 수 있습니다.
두껍고 읽기 어려워 책장을 덮어 버리곤 했던 고전을 발췌합니다. 해당 작품을 연구한 전문가가 작품의 정수를 가려 뽑아냅니다. 핵심만 읽기 때문에 더 빠르게 더 많은 고전을 읽을 수 있습니다. 제외된 부분은 중간중간 친절하게 요약 설명합니다. 풍부한 해설과 주석으로 전체 내용을 파악하는 데 무리가 없습니다. 정확한 번역, 적절한 윤문으로 10대에서 80대까지 누구나 쉽게 읽을 수 있습니다. 콤팩트한 사이즈와 분량이므로 간편하게 휴대할 수 있습니다. 수천 쪽의 고전을 발췌된 내용으로 읽고도 전체 의미를 파악할 수 있는 것이 지식을만드는지식 원서발췌의 매직입니다. 발췌율은 표지에 표시하고 발췌 방법은 일러두기에 상세히 밝힙니다.
고전 독자를 발췌 읽기에서 완역 읽기로, 더 나아가 원전 읽기로 안내합니다. 바쁜 현대인들에게 새로운 고전읽기 방법을 제시합니다.

# 원서발췌
# 하일라스와 필로누스가 나눈 대화 세 마당

Three Dialogues between Hylas and Philonous

조지 버클리(George Berkeley) 지음
한석환 옮김

대한민국, 서울, 지식을만드는지식, 2026

## 편집자 일러두기

- 이 책의 표준판이라 할 수 있는 루스와 제솝이 공동 편집한 《버클리 저작집(The Works of George Berkeley, Bishop of Cloyne)》(edited by A. A. Luce and T. E. Jessop, 9 vols., Edinburgh, 1948~1957, reprinted in 3 vols., 1979) 제2권에 수록된 것을 저본으로 삼았습니다. 《하일라스와 필로누스가 나눈 대화 세 마당(Three Dialogues between Hylas and Philonous)》(London, 1713) 가운데서 〈첫 번째 대화〉와 〈두 번째 대화〉를 번역했습니다.
- 각주는 옮긴이가 작성한 것이며, 그중 지은이가 작성한 것은 "지은이 주"로 표시했습니다.
- 본문 가운데 [ ]로 묶여 있는 부분은 전후 문맥의 흐름을 매끄럽게 하기 위해, 또는 오독의 여지를 줄이기 위해 옮긴이가 붙인 것입니다.
- 원전에서 이탤릭체로 강조되어 있는 부분은 굵은 글씨로 표기했습니다.
- 외래어 표기는 현행 한글어문규정의 외래어표기법을 따랐습니다.
- 이 책은 2008년 9월 15일 한정판 '고전선집' 시리즈로 처음 출간했습니다. 2012년 3월 19일 표지를 바꿔 '천줄읽기' 시리즈로 다시 출간했다가 이번에 '원서발췌' 시리즈로 옮겨 출간합니다.

# 차례

# 하일라스와 필로누스가 나눈 대화 세 마당

# 첫 번째 대화[1)]

필로누스 그간 별고 없었는가, 하일라스. 이렇게 아침 일찍 밖에서 자네를 만나게 되다니 뜻밖이구먼.

하일라스 예삿일이 아니고말고. 간밤에 생각할 문제가 좀 있어 그걸 붙들고 씨름하다 잠을 설쳤지 뭔가. 생각 끝에 일어나 뜰이나 한 바퀴 돌자고 마음먹었지.

필로누스 이렇게 청정하고 상쾌한 즐거움을 매일 아침 자네가 놓치고 있음을 자네로 하여금 알게 만드는 일이니 오히려 잘됐지 뭔가. 이보다 더 쾌적한 시간이 하루 중 언제 또 있겠으며, 이보다 더 온화한 계절이 1년 중 언제 또 있겠는가? 저 보랏빛 하늘, 기교는 없지만 달콤한 새들의 지저귐, 나무와 화초들에 만발한 향기 그윽한 꽃들, 솟아오르는 태양의 부드러운 감화, 이 모든 것과

---

1) 버클리는 대화의 취지를 "**회의론자와 무신론자**에 맞서, 아울러 학문을 보다 더 쉽고 유용하고 간명하게 만드는 방법을 도입하기 위해, 인간 인식의 실재성과 완전성, 영혼의 무형의 본성 및 신의 직접적 섭리를 명확히 증명하는 것"이라고 말한다.

그 밖의 이름도 없는 무수한 자연의 아름다움은 우리의 영혼을 은밀한 황홀경에 빠지게 만든다네. 영혼의 능력 또한 이 시간대에는 생기와 활기가 넘쳐, 뜰의 적막함과 아침녘의 고요함이 우리로 하여금 자연스럽게 몰입하게 만드는 바, 명상하기에도 안성맞춤이라네. 그러나 내가 자네의 사색을 방해하는 것이나 아닌지 염려되는군. 자네는 무엇인가에 아주 골몰해 있는 것같이 보였으니 말일세.

하일라스 사실 그랬네. 그래 그 문제를 좀 더 깊이 파고 들어갈 수 있도록 해주면 좋겠네. 자네와 함께 있는 데서 어떻게든 벗어나고 싶다는 뜻이 아니야. 나는 늘 혼자 있을 때보다는 친구와 얘기를 나눌 때 더 쉽게 생각이 떠오르거든. 부탁하네만, 내가 생각한 바를 자네에게 말할 수 있도록 좀 해주게나.

필로누스 대환영이네. 자네가 선수를 치지 않았다면 내 쪽에서 자네에게 부탁하려던 참이었다네.

하일라스 나는 예나 이제나 평범한 사람들과 구별되려는 속셈에서, 또는 설명하기 어려운 사고 경향을 좇아 아무것도 믿지 않는다거나 이 세계 내에 있는 것들 가운데서 아주 터무니없는 것들을 믿는다고 주장하는 사람들의 기괴한 운명에 관해 생각하고 있었다네. 그들의 역설적인 주장들과 회의가 인류에 대해 전반적으로 불리한 여러 결과만 초래하지 않는다면 그래도 괜찮을 거네. 그러나 그 해독은 이러하다네. 즉 짬을 내기가 쉽지 않은 사람들은, 그 모든 시간을 지식을 축적하는 데 쓰는 것으로 소문난 사람들이, 만물에 대해 전적으로 무지함을 공언하거나, 또는 간명하고도 일반적으로 수용되는 원리들에 모순되는 견해를 피력하는 것을 보게 되면, 자신들이 이제까지 신성하고 문제될 여지가 없는 것으로 간주해 왔던 아주 중요한 진리들에 대해 의심을 품고 싶어 할 것이네.

필로누스 일부 철학자들의 가식적인 회의와 또 다른 철학자들의 비현실적인 공상들이 끼치는 나쁜 영향에 관해 나는 자네와 전적으로 같은 입장이네. 요즘 들어선 심지어 그들의 강의실에서 습득한 고상한 관념들 중 일부를 통속적인 견해들을 위해 포기하는 데까지 이르렀지 뭔가. 자네에게 단언하네만, 형이상학적 개념들로부터 이렇듯 자연과 상식의 간명한 명령들로 돌아선 이래로 나는 나의 이해가 놀라울 정도로 명확해졌다고 생각하네. 그 결과 나는 예전에는 불가사의이자 수수께끼였을 뿐인 아주 많은 것을 이제 와서는 쉽게 이해할 수 있게 되었다네.

하일라스 자네에 관해 내가 들었던 소문들이 사실무근임을 알게 되니 기쁘구먼.

필로누스 소문의 내용이 뭐였는데?

하일라스 어제 저녁 좌담에서 자네는 일찍이 인간이 품어본 바 있는 것들 중에서 가장 터무니없는 견해, 즉 **물질적 실체** 같은 것이 세계 내에 존재하지 않는다는 견해를 주장하는 사람으로 묘사되었네.

필로누스 철학자들이 **물질적 실체**라 부르는 것이 존재하지 않는다는 것을 나는 진지하게 확신하고 있네. 하지만 그 가운데서 불합리한 점이나 의심스러운 점을 지적한다면, 나는 그것을 단념할, 내가 지금 그것과 상반되는 견해를 배척함에 있어 갖고 있다고 믿는 것과 동일한 이유를 갖게 되겠지.

하일라스 아니, **물질** 같은 것이 존재하지 않는다고 믿는 것보다 더 별난 것, 더 반(反)상식적인 것, 더 확연한 회의론의 예가 어디 있겠는가?

필로누스 침착하게나, 친애하는 하일라스여. 물질의 존재를 주장하는 자네가 바로 그 견해에 의해서 그런 것은 존재하지 않는다고 믿는 나보다 더 지독한 **회의론자**요, 더 많은 역설과 반상식적인 것을 주장하고 있음이 증명되기라도 하면 어쩌려고 그러는가?

하일라스 내가 불합리와 회의론을 피하기 위해 언젠가 이 문제에 대한 나의 견해를 포기해야 하는 지경에 이른다면, 자네는 부분이 전체보다 더 크다는 것을 나에게 납득시킬 수 있을 것이네.

필로누스 좋네. 자네는, 좀 더 자세히 검토하게 되면 드러날 터인 바, 상식과는 가장 잘 맞아떨어지고 회의론과는 될 수 있는 대로 먼 거리를 유지하는 견해를 참된 것으로 간주하는 데에 동의하는 거지?

하일라스 여부가 있겠나. 자네는 자연 속에 있는 아주 간명한 것들에 관해 논쟁 벌이기를 즐기는 편이니, 나는 자네가 피력하고자 하는 바를 경청하는 데에 일단 동의하네.

필로누스 여보게, 하일라스. 자네는 어떤 사람을 **회의론자**라고 보는가?

하일라스 뭇사람들이 생각하는 대로 온갖 것을 죄다 의심하는 자.

필로누스 그러면 특정의 사안에 관해 의심을 품지 않는 사람은, 그 사안에 관한 한, **회의론자**로 간주될 수 없네.

하일라스 동의하네.

필로누스 그러면 의심을 품는다는 것은 어떤 한 물음의 긍정적인 쪽에 가담하는 것인가 부정적인 쪽에 가담하는 것인가?

하일라스 그 어느 것도 아니네. 한글[영어]을 이해하는 사람이라면 누구든지 **의심한다**[doubting]는 것이 양자 사이의 어중간한 상태를 뜻한다는 것쯤은 모를 리가 없을 테니 말이네.

필로누스 그렇다면 무엇인가를 부정한다고 해서 그 사람에 대해 그것을 의심한다고 말할 수 없는 것은, 같은 정도로 단호하게 그것을 긍정하는 사람에 대해 그렇게 말할 수 없는 것과 같네.

하일라스 그야 그렇지.

필로누스 그렇다면 결국 후자가 그렇듯이, 전자도 그 부정으로 인해 **회의론자**로 간주되는 것은 아니로군.

하일라스 인정하네.

필로누스 그렇다면, 하일라스. 자네가 긍정하는 것, 즉 물질의 존재를 내가 부정한다고 해서 자네는 나를 **회의론자**라고 단정해 버리는데, 어째서 그런가? 자네도 알다시피 자네의 긍정 못지않게 나의 부정도 단호하지 않은가.

하일라스 잠깐, 필로누스. 내 정의 가운데 잘못된 점이 좀 있었네. 그러나 대화 가운데서 한쪽이 범하는 실수 하나하나에 무게를 실을 필요는 없다고 보네. 나는 **회의론자**를 가리켜 온갖 것을 죄다 의심하는 자라고 했네만, 이런 말을 덧붙였어야 옳았네—또는 사물들의 실재성과 진리를 부정하는 자.

필로누스 어떤 사물들 말인가? 과학의 원리들과 정리들을 염두에 두고서 하는 말인가? 그러나 그것들은 자네도 알다시피 보편적인 지성적 통찰들이요, 따라서 물질로부터 독립적인 것들이네. 그러므로 물질을 부정하는 것이 그것들을 부정하는 결과를 낳는 것은 아니네.

하일라스 동의하네. 그러나 다른 것들은 없는가? 감각들을 불신하는 것, 감각적 사물들의 실재적 존재(existence)를 부정하는 것, 감각적 사물들에 대해 아는 바가 전혀 없다고 주장하는 것에 대해서는 어떻게 생각하는가? 이 정도면 한 사람을 **회의론자**로 낙인찍어도 충분하지 않은가?

필로누스 그러면 우리들 가운데 누가 과연 감각적 사물들의 실재성을 부정하는 자, 그것들에 대한 극도의 무지를 공언하는 자인지 따져볼까? 내가 자네를 제대로 이해하고 있다면, 그런 자가 거물 **회의론자**로 간주되어야 마땅하기 때문이네.

하일라스 그것이 바로 내가 바라는 바일세.

필로누스 자네는 감각적 사물로 무엇을 염두에 두고 있는가?

하일라스 그거야 감각을 통해 지각되는 사물이지. 자네는 내가 무엇인가 다른 것을 염두에 두고 있을 거라고 상상할 수 있는가?

필로누스 미안하네, 하일라스. 나의 관심사는 자네의 개념을 명료하게 파악하는 것이네. 그렇게 하면 우리의 논구가 크게 단축될 수 있기 때문이지. 질문을 하나 더 하겠네. 직접적으로 지각되는 사물만 감각을 통해 지각되는 것인가? 아니면 간접적으로 지각되는 사물들, 즉 다른 것들의 매개 없이는 지각되지 못하는 사물들도 당연히 **감각적**이라고 얘기될 수 있는 건가?

하일라스 나는 아직 자네[말]를 충분히 이해하지 못했네.

필로누스 책을 읽을 때 내가 직접적으로 지각하게 되는 것은 활자들이네. 그러나 간접적으로, 즉 이것들을 매개로 내 정신 속에서는 신, 덕, 진리 등의 개념이 떠오르게 되네. 여기서 활자들이 참으로 감각적 사물들이라거나 감각을 통해 지각될 수 있는 것들이라는 데에는 의심의 여지가 없네. 그러나 나는 자네가 활자들에 의해 [정신 속에] 떠오르게 되는 사물들 역시 그런 것으로 간주하는지 어떤지를 알고 싶은 것이네.

하일라스 물론 아니네. **신**이나 **덕**을 감각적 사물로 간주하는 것은 불합리할 것이네. 그것들이 아무리 자신들과 임의로 연결되어 있는 감각적 기호들에 의해 정신 속에 알려지고 떠오르게 된다고 할지라도 말이네.

필로누스 그러고 보니 자네는 **감각적 사물**로 감각을 통해 직접적으로 지각될 수 있는 것만 염두에 두고 있는 것 같구먼.

하일라스 맞네.

필로누스 그로부터 이런 결론이 도출되지 않을까? 가령 내가 한쪽 하늘은 붉게 보고 다른 한쪽은 푸르게 보는데, 그로부터 내 이성이 색이 이렇게 다른 데에는 반드시 뭔가 원인이 있을 것이라고 분명하게 추론을 한다고 하더라도, 그 원인은 감각적 사물이라고 얘기될 수 없으며 시각을 통해 지각될 수 없다는 결론 말이네.

하일라스 그렇고말고.

필로누스 마찬가지로, 가령 내가 다양한 소리를 듣는다고 하더라도, 내가 그 소리들의 원인을 듣는다고 말할 수는 없는 일이네.

하일라스 물론이네.

필로누스 또 내가 내 촉각을 통해 어떤 것을 뜨겁고 묵직한 것으로 지각한다고 해서 내가 그 뜨거움이나 무거움의 원인을 느낀다고 참되게 또는 정당하게 주장할 수는 없는 일이네.

하일라스 그런 식으로 계속되는 수없이 많은 물음을 사전에 봉쇄하기 위해 분명히 말해두네만, 내가 **감각적 사물들**로 염두에 두고 있는 것은 감각을 통해 지각되는 것들만이며, 실제로 감각들은 자신들이 직접적으로 지각하지 않는 그 어떤 것도 지각하는 법이 없네. 그것들은 추론을 하지 않기 때문이네. 그러므로 감각을 통해서만 지각되는 결과와 현상들로부터 원인 또는 기회들[또는 유인(誘因)들]을 이끌어내는 것은 전적으로 이성의 일이네.

필로누스 그러면 이 점에 대해서는 합의를 본 것이네. **감각적 사물들은 감각을 통해 직접적으로 지각되는 것들만이라는 것** 말이네. 그러면 이젠, 우리가 시각을 통해 빛과 색과 형태 이외의 어떤 것인가를 직접적으로 지각하는 것인지, 청각을 통해 소리 이외의 어떤 것인가를, 미각을 통해 맛 이외의 어떤 것인가를, 후각을 통해 냄새 이외의 어떤 것인가를, 그리고 촉각을 통해 촉감 이외의 다른 무엇인가를 직접적으로 지각하는 것인지 알려주게나.

하일라스 물론 그렇지는 않네.

필로누스 그렇다면 감각적 성질들을 모두 다 제거해 버리면, 감각적인 것은 하나도 남지 않을 것 같군.

하일라스 동의하네.

필로누스 그러면 감각적 사물들은 수없이 많은 감각적 성질들이거나, 감각적 성질들이 합성된 것에 불과한 것이로구먼.

하일라스 그렇다마다.

필로누스 그러면 뜨거움은 감각적 사물이겠군.

하일라스 물론이지.

필로누스 감각적 사물들의 실재성은 지각된다는 데에 있는 것인가? 아니면 그것들의 지각됨과는 구별되는, 정신과는 아무런 관계도 맺고 있지 않은 어떤 것인가?

하일라스 **존재한다**는 것과 **지각된다**는 것은 별개의 것이네.

필로누스 내 말은 감각적 사물들에만 한정되어 있네. 그리고 그것들과 관련해 나는 자네가 그것들의 실재적 존재로 정신 외부에 있는, 그리고 그것들의 지각됨과는 구별되는 독립적 존재를 염두에 두고 있는 것인지를 묻고 있는 것이네.

하일라스 나는 그것들의 지각됨과는 구별되는, 그리고 그런 것과 전혀 무관한 실재적인 절대적 존재성(being)을 염두에 두고 있네.

필로누스 그렇다면 뜨거움은 정신과 무관하게 존재해야

되겠군. 만약 그것에 실재적 존재성이 허용된다면 말일세.

하일라스 그렇고말고.

필로누스 말해보게나, 하일라스. 그 실재적 존재는 우리가 지각하는 모든 정도의 뜨거움에 같은 정도로 잘 어울리는 것인가? 아니면 우리가 그것을 이런 것들에는 귀속시켜야 하지만 저런 것들에서는 부정해야 하는 어떤 이유라도 있는 것인가? 또 있다고 할 것 같으면, 그 이유는 무엇인지 좀 말해주게나.

하일라스 우리가 감각을 통해 지각하는 뜨거움이 어떤 정도의 것이든 우리는 그와 동일한 것이 그것을 야기하는 대상 속에 존재함을 확신할 수 있네.

필로누스 아니, 가장 낮은 것뿐 아니라 가장 높은 것도 말인가?

하일라스 들어보게나. 양자에 있어서 그 이유는 완전히 동일한 것이네. 둘 다 감각을 통해 지각되네. 아니지. 보다 높은 정도의 뜨거움은 보다 더 민감하게 지각되네. 따라서 굳이 차이가 있다면, 우리는 우리가 보다 낮은 정도의 [뜨거움의] 실재성에 대해 그럴 수 있는 것보다 그것[보다 높은 정도의 뜨거움]의 실재적 존재에 대해 더 확신하고 있다는 것 정도네.

필로누스 그러나 아주 세차고 강렬한 정도의 뜨거움은 아주 커다란 고통이 아닐까?

하일라스 그걸 누가 부정하겠는가.

필로누스 그러면 지각 활동을 하지 못하는 사물들 중 고통이나 쾌락을 느낄 수 있는 것이 있는가?

하일라스 물론 없네.

필로누스 자네의 물질적 실체는 무감각한 존재자인가, 아니면 감각과 지각 능력을 타고난 존재자인가?

하일라스 두말할 것도 없이 무감각한 것이지.

필로누스 그렇다면 그것은 고통의 담지자가 될 수 없네.

하일라스 그렇다마다.

필로누스 그렇다면 그것은 감각에 의해 지각되는 아주 강렬한 뜨거움의 담지자일 수도 없네. 왜냐하면 자네가 인정하다시피 그것은 결코 얼마 안 되는 고통이 아니기 때문이네.

하일라스 동의하네.

필로누스 그러면 자네의 외적 대상에 대해서는 뭐라고 해야 할까? 즉 그것은 물질적 실체인가 아닌가?

하일라스 그것은 물질적 실체네. 감각적 성질들은 그 안에 내속(內屬)해 있는 것이고.

필로누스 그러면 강렬한 뜨거움은 그것 안에 어떻게 존재할 수 있는가? 물질적 실체 속에는 그것이 있을 수 없음을 자네가 인정하기 때문이네. 나는 자네가 이 점에 대해 명확히 해주기를 바라네.

하일라스 잠깐, 필로누스. 강렬한 뜨거움은 고통이라고 인정했던 게 잘못 아니었을까. 오히려 고통은 뜨거움과 구별되는 무엇이자 그것의 결과 또는 영향일 듯싶네.

필로누스 자네 손을 불에 가까이 가져간다면, 자네는 하나의 단순한 통일적인 감각 인상을 지각하겠는가, 아니면 두 가지 별개의 감각 인상을 지각하겠는가?

하일라스 하나의 단순한 감각 인상만이지 뭐.

필로누스 뜨거움은 직접적으로 지각되는 것이지?

하일라스 그래.

필로누스 그러면 고통은?

하일라스 역시 마찬가지네.

필로누스 그러면 그 둘 모두는 직접적으로 동시에 지각되는 것이고, 불은 자네에게 하나의 단순한 또는 비(非)합성적인 관념을 불러일으킨다는 점을 놓고 본다면, 이 동일한 단순 관념이 직접적으로 지각되는 강렬한 뜨거움이기도 하고 동시에 고통이기도 하다는 결론이 나오네. 결국 직접적으로 지각되는 강렬한 뜨거움은 특수한 종류의 고통과 다를 게 하나도 없게 되네.

하일라스 그런 것 같네.

필로누스 그러면 하일라스, 자네는 고통이나 쾌락을 동반하지 않는 강렬한 감각 인상을 상상할 수 있는지 한 번 생각해 보게.

하일라스 그럴 수는 없네.

필로누스 그러면 자네는 뜨거움, 차가움, 맛, 냄새 등 각종 특수 관념으로부터 추상된 감각적 고통 또는 쾌락 일반의 관념을 마음에 그릴 수 있는가?

하일라스 난 그럴 수 없다고 보네.

필로누스 그렇다면 감각적 고통은 강렬한 정도에 도달했을 때의 저러한 감각 인상이나 관념들과 다를 게 하나도 없다는 결론이 나오지 않는가?

하일라스 물론이고말고. 그리고 솔직히 말해서 나는 아주 강렬한 뜨거움은 그것을 지각하는 정신 속이 아니고서는 존재할 수 없는 게 아니냐는 생각이 드네.

필로누스 아니, 자네가 저 긍정과 부정 사이의 어중간한 **회의론적** 상태에 있다고?

하일라스 나는 내가 그런 입장을 단정적으로 견지할 수 있다고 믿네. 아주 강렬하고 고통스런 뜨거움은 정신과 무관하게 존재할 수 없네.

필로누스 그렇다면 그것은, 자네 말에 따르면, 실재적 존재성을 갖지 않는 게 되네.

하일라스 인정하네.

필로누스 그렇다면 자연 속에 정말로 뜨거운 물체가 없는 게 확실한가?

하일라스 나는 물체들 속에 어떤 실재적 뜨거움이 있음을 부정한 적이 없네. 단지 나는 강렬한 실재적 뜨거움과 같은 것이 없다고만 말할 뿐이네.

필로누스 그러나 앞에서는 이렇게 말하지 않았나? 모든 정도의 뜨거움은 같은 정도로 실재적이라고 말이야. 바꾸어 말해서 차이가 있다고 해봐야 보다 높은 것이 보다 낮은 것보다 더 확실하게 실재적이라는 것 정도라고 말이야.

하일라스 그랬지. 그러나 그것은, 지금에 와서는 분명하게 알게 되었지만, 그것들이 서로 구별되어야 하는 이유를 당시에는 미처 생각하지 못했기 때문이었네. 그 이유란 이런 것이네. 즉 강렬한 뜨거움은 특수한 종류의 고통스런 감각 인상 이외의 아무것도 아니고, 고통은 지각하는 존재자 안에 말고는 존재할 수 없는 것이므로, 강렬한 뜨거움은 지각 활동을 하지 못하는 유형(有形)의 실체 속에는 실로 존재할 수 없다는 결론이 나오게 되네. 그러나 이것은 보다 낮은 정도의 뜨거움이 그러한 실체 속에 존재함을 부정해야 할 이유는 되지 않네.

필로누스 그러나 우리가 정신 속에만 존재하는 뜨거움의 정도들과 정신과 무관하게 존재하는 [뜨거움의] 정도들을 어떻게 분간해 낼 수 있다는 말인가?

하일라스 그것은 어려운 문제가 아니네. 자네도 알다시피 정도가 아주 약한 고통이라도 지각되지 않은 채 존재할 수는 없네. 요컨대 고통이 되는 것이 어느 정도의 뜨거움이건 간에 그것은 정신 속에만 존재하네. 그러나 다른 모든 정도의 뜨거움에 대해서까지 우리가 동일한 생각을 품어야 할 필요는 없네.

필로누스 자네는 전에 지각 활동을 하지 못하는 존재자는 고통을 느낄 수 없듯이 쾌락도 느낄 수 없다고 인정한 것으로 생각되는데.

하일라스 그랬지.

필로누스 그리고 따뜻함, 또는 불쾌감을 불러일으킬 정도로까지 강하지 않은 뜨거움은 쾌락이 아닌가?

하일라스 그래서 어떻다는 말인가?

필로누스 그러므로 그것은 지각 활동을 하지 못하는 실체 또는 물체 속에 정신과 무관하게 존재할 수는 없다는 것이네.

하일라스 그런 것 같네.

필로누스 그러면 고통스런 정도의 뜨거움이 그러하듯 고통스럽지 않은 정도의 뜨거움도 사고 활동을 하는 실체 속에만 존재할 수 있으므로, 이렇게 결론을 내려도 되지 않을까? 외적 물체들은 어떤 정도의 뜨거움이든 절대로 지각할 수가 없다고 말이야.

하일라스 다시 생각해 보니, 따뜻함이 쾌락인 것은 강렬한 정도의 뜨거움이 고통인 것만큼 자명하지 않아 보이네.

필로누스 내 주장은 따뜻함이 뜨거움이 고통인 것과 같은 정도로 커다란 쾌락이라는 게 아니네. 그러나 만약 자네가 그것을 작은 쾌락으로라도 인정해

준다면, 내 결론을 정당화시키는 데는 충분하네.

하일라스 나는 따뜻함을 차라리 **둔감함**이라 부르겠네. 그것은 고통과 쾌락 모두가 들어 있지 않은 것에 불과한 것 같네. 그리고 그런 유의 성질이나 상태는 사고 활동을 할 수 없는 실체와 어울린다는 점을 자네가 부정하지 않았으면 하네.

필로누스 만약 자네가 따뜻함이나 부드러운 정도의 뜨거움을 쾌락이 아니라고 주장하기로 결심했다면, 나에게는 자네 자신의 감각에 호소하는 것 외에 자네를 확신시킬 다른 방도가 없네. 그러나 차가움에 관해서는 어떻게 생각하는가?

하일라스 뜨거움의 경우와 같네. 강렬한 정도의 차가움은 고통이네. 아주 지독한 차가움을 느끼는 것은 곧 아주 지독한 불쾌감을 지각하는 것이기 때문이네. 그러므로 그것이 정신과 무관하게 존재할 수는 없네. 그러나 보다 덜한 정도의 차가움은 보다 덜한 정도의 뜨거움이 그러하듯 정신과 무관하게 존재할 수 있네.

필로누스 그렇다면 그것들이 우리 몸에 닿을 때 우리가 적당한 정도의 뜨거움을 지각하게 되는 물체들에 대해서는 그것들 자체 속에 적당한 정도의 뜨거움 또는 따뜻함을 갖고 있다고 결론을 내려야 하고, 그것들이 우리 몸에 닿을 때 우리가 비슷한 정도의 차가움을 느끼게 되는 물체들에 대해서는 그것들 자체 속에 차가움을 갖고 있다고 생각해야 되겠군.

하일라스 그렇고말고.

필로누스 우리로 하여금 필연적으로 불합리에 봉착하게 하는 학설들 가운데 참된 것이 있을 수 있을까?

하일라스 그럴 리는 물론 없네.

필로누스 동일한 사물이 동시에 차기도 하고 뜨겁기도 하다고 생각하는 것은 불합리하지 않은가?

하일라스 불합리하네.

필로누스 자, 그러면 자네 한 손은 뜨겁고 다른 한 손은 차다고 가정해 보세. 그리고 두 손을 모두 한꺼번에 미지근한 상태의 물로 채워져 있는 동일한 용기 속에 집어넣었다고 해보세. 그러면 한쪽 손에는 그 물이 차게 나타나고 다른 한쪽 손에는 뜨겁게 나타나지 않을까?

하일라스 그럴 테지.

필로누스 그렇다면 자네의 원리들에 따라 그것은 실로 동시에 차기도 하고 뜨겁기도 하다고 결론을 내려야 하지 않을까? 즉 자네 자신이 인정한 대로 말한다면 불합리를 믿어야 하지 않을까?

하일라스 인정하네. 그런 것 같네.

필로누스 결론적으로 그 원리들은 거짓된 것들이네. 자네가 인정했다시피 참된 원리들은 결코 불합리에 귀착하지 않기 때문이네.

하일라스 그러나 요컨대 **불 속에는 뜨거움이 전혀 없다**고 말하는 것보다 더 불합리한 것이 있을 수 있는가?

필로누스 그 물음을 좀 더 분명하게 하기 위해서 그러네만, 말해보게나. 완전히 같은 두 가지 경우에서 우리는 동일한 판단을 내려야 하지 않을까?

하일라스 물론이네.

필로누스 만약 자네 손가락이 바늘에 찔리면, 자네 살의 섬유 조직은 그 때문에 찢어지고 갈라지지 않을까?

하일라스 그렇다마다.

필로누스 또 만약 자네 손가락이 숯불에 화상을 입으면, [그것보다] 뭔가 더한 일이 일어날까?

하일라스 그렇지는 않네.

필로누스 그렇다면 자네는, 바늘에 의해 야기된 감각 인상에 대해 그것은 물론 그것과 유사한 무엇이 바늘 속에 있다고 판단하지 않으므로, 불에 의해 야기된 감각 인상에 대해서도 자네가 방금 인정했다시피 그것이나 그것과 유사한 무엇이 불 속에 있다고 판단해서는 안 될 것이네.

하일라스 좋네. 다른 도리가 없으니 그 점에 관해서는 내가 양보해, 뜨거움과 차가움은 우리의 정신 속에 존재하는 감각 인상들일 뿐임을 인정하겠네. 그러나 외적 사물의 실재성을 보증해 줄 성질들은 아직도 많이 남아 있네.

필로누스 그러나 하일라스, 다른 모든 감각적 성질들에 있어서도 사정은 마찬가지며, 또 뜨거움과 차가움에 대해 그러하듯 그것들에 대해서도 정신과 무관하게 존재한다고 상정할 수 없다고 밝혀진다면, 뭐라고 하겠는가?

하일라스 그렇다면 그것은 자네 입지를 더 공고히 해주는 결과가 되겠지. 그러나 나는 그것을 증명하는 것은 가망이 없는 일이라고 보네.

필로누스 그것들을 차례로 검토해 보세. 맛에 대해서는 어떻게 생각하는가? 그래 그것은 정신과 무관하게 존재하는 것인가 아닌가?

하일라스 멀쩡한 감각을 가진 사람 치고 설탕은 달고 쑥은 쓰다는 것을 의심할 사람이 있겠는가?

필로누스 말해보게나, 하일라스. 단맛은 특수한 종류의 쾌락 또는 쾌감인가 아닌가?

하일라스 그것은 특수한 종류의 쾌락 또는 쾌감이네.

필로누스 쓴맛은 또 일종의 불쾌감 내지 고통이 아닐까?

하일라스 동의하네.

필로누스 그렇다면 보게나. 만약 설탕과 쑥이 정신과 무관하게 존재하는, 사고 활동을 할 수 없는, 유형의 실체들이라면, 단맛과 쓴맛, 즉 쾌락과 고통은 그것들과 어떻게 연결될 수 있는가?

하일라스 잠깐, 필로누스. 나로 하여금 이때까지 줄곧 착각하게끔 만든 것이 무엇이었는지 이제야 알겠네. 자네는 뜨거움과 차가움, 단맛과 쓴맛은 특수한 종류의 쾌락과 고통이 아닌지를 물었네. 그에 대해 나는 단순하게 그것들은 특수한 종류의 쾌락과 고통이라고 대답했네. 그러나 나는 이렇게 구별했어야 했네. 우리에게 지각되는 것으로서의 저 성질들은 쾌락이거나 고통이지만, 외적 대상들 속에 존재하는 것으로서의 그것들은 그렇지가 않다고 말이네. 그러므로 무조건 불 속에는 뜨거움이 없으며 설탕 속에는 단맛이 없다고 결론을 내려서는 안 되네. 우리에게 지각되는 것으로서의 뜨거움이나 단맛은 불과 설탕 속에 있지 않다고만 결론을 내려야 하네. 이에 대해 자네는 뭐라고 말할 텐가?

필로누스 나는 그것은 문제의 본질과 아무런 상관도 없다고 말하겠네. 우리의 대화는 줄곧 감각적 사물들, 즉 **우리의 감각을 통해 직접적으로 지각하는** 사물들이라고 자네가 정의했던 것들을 중심으로 진행되어 왔네. 그러므로 나는 자네가 이것들과 구별되는 것으로 언급하는 여타의 성질들에 대해서는 아는 바가 전혀 없을 뿐만 아니라, 논의되고 있는 문제와도 그것들은 전혀 상관이 없네. 물론 자네는 자네가 지각하지도 못하는 몇몇 성질들을 발견했다고 주장할 수도 있으며, 이들 비감각적인 성질들이 불과 설탕 속에 존재한다고 단정할 수도 있네. 그러나 그렇게 하는 것이 자네의 현재 입장에 얼마만큼이나 도움을 줄 수 있는지 나로서는 이해가 안 가네. 그래, 한 번 더 말해보게나. 자네는 뜨거움과 차가움,

단맛과 쓴맛(나는 감각을 통해 지각되는 예의 저 성질들을 염두에 두고 있네)이 정신과 무관하게 존재하지 않는다는 것을 인정하는가?

하일라스 더 버텨보았자 얻을 것도 없겠다는 생각이 드는군. 그래, 언급된 저 성질들과 관련된 주장을 철회하겠네. 하지만 나에게는 설탕이 달지 않다고 말하는 것도 이상하게 들린다네.

필로누스 그러나 자네를 더한층 확신시키기 위함이네만, 이것을 명심하게나. 다른 경우들에서는 달게 나타나는 것이 이상이 있는 미각에는 쓰게 나타나는 법임을 말이네. 그리고 너무도 분명한 사실이네만, 사람이 다르면 동일한 음식에서도 서로 다른 맛을 지각하게 되네. 이 사람에게는 군침 돌게 만드는 것이 저 사람에게는 구역질 나게 만들기 때문이지. 그런데 맛이라는 것이 실로 음식에 내속하는 무엇이라 할진대, 어떻게 그런 일이 일어날 수 있겠는가?

하일라스 답변이 궁하다는 것을 내 인정하네.

필로누스 그러면 다음으로 냄새를 살펴보세. 그런데 나는 이것과 관련해, 맛에 관해 얘기된 것들이 이것에는 잘 들어맞지 않는지를 알고 싶네. 냄새는 순전히 쾌감이거나 불쾌감일 뿐이지 않은가?

하일라스 그렇지.

필로누스 그렇다면 자네는 그것이 지각 활동을 하지 못하는 사물들 속에 존재한다는 게 가능하다고 생각하는가?

하일라스 아니.

필로누스 그러면 자네는 자발적으로 오물과 배설물을 먹고 살아가는 야생동물들이 그것들에게서 우리가 맡는 것과 똑같은 냄새를 지각한다고 상상할 수 있는가?

하일라스 결코 그럴 수는 없네.

필로누스 그렇다면 우리는 앞서 언급한 바 있는 다른 성질들에 대해서와 마찬가지로 냄새에 대해서도, 지각 활동을 하는 실체 또는 정신 속에만 존재할 수 있다고 결론을 내려도 좋지 않을까?

하일라스 그렇다고 생각하네.

필로누스 그러면 이제는 소리 차례네. 그래 이것에 대해서는 어떻게 생각해야 할까? 소리는 외적 물체들에 실로 내속하는 우유성[偶有性, 또는 부대적(附帶的) 성질]인가 아닌가?

하일라스 그것이 소리 나는 물체들에 내속하는 것이 아님은, 배기펌프의 배기실(排氣室)에 있는 종(鐘)이 공기가 다 배출되면 두드려도 소리를 내지 않는다는 것으로부터 분명하네. 그러므로 공기가 소리의 담지자로 간주되어야 하네.

필로누스 그 이유는 뭔가, 하일라스?

하일라스 이유인즉 공기 속에서 어떤 운동인가가 일어나게 되면, 공기의 운동에 따라서 소리를 보다 크게 지각하기도 하고 보다 작게 지각하기도 하지만, 공기 속에서 운동이 전혀 일어나지 않으면, 소리를 전혀 듣지 못하기 때문이네.

필로누스 설사 오직 공기 속에서 모종의 운동이 일어나는 경우에만 소리를 듣게 된다는 것을 인정한다고 하더라도, 자네가 어떻게 해서 그로부터 소리 자체가 공기 가운데 있는 것이라고 결론을 내릴 수 있는지 알 수가 없구먼.

하일라스 정신 속에 **소리**의 감각 인상을 낳는 것은 바로 외적 공기 가운데 있는 이러한 운동이네. 왜냐하면 그것은 귀의 고막을 때림으로써 진동을 일으키는데, 진동은 청신경을 통해 뇌에 전달되거니와, 그 결과 영혼 속에는 **소리**라고 불리는 감각 인상이 생기게 되기 때문이네.

필로누스 아니, 그렇다면, 소리는 감각 인상이 되는군.

하일라스 분명히 말하지만, 우리에게 지각되는 것으로서 그것은 정신 속에 있는 특수한 감각 인상이네.

필로누스 그러면 감각 인상들 중에는 정신과 무관하게 존재할 수 있는 것도 있는가?

하일라스 물론 그런 것은 없네.

필로누스 그렇다면 일종의 감각 인상인 소리가 공기 속에 어떻게 존재할 수 있는가? 만약 자네가 **공기**로 정신과 무관하게 존재하는 무감각한 실체를 의미한다면 말일세.

하일라스 필로누스, 자네는 우리에게 지각되는 것으로서의 소리와 즉자적으로 그것인 소리를, 또는 (그 말이 그 말이지만) 우리가 직접적으로 지각하는 소리와 우리와 무관하게 존재하는 소리를 구별해야 하네. 물론 전자는 특수한 종류의 감각 인상이네. 그러나 후자는 공기 속에서의 진동성 또는 파동성 운동일 뿐이네.

필로누스 나는 이미 자네가 앞서 이 비슷한 경우에서 그런 구별을 적용했을 때 내놓은 나의 대답을 통해 그것과 대결했던 것으로 생각되네. 그러나 그건 그렇다 치고서 하는 말이네만, 그렇다면 자네는 소리라는 것이 정말 운동 이외의 아무것도 아니라고 확신하는가?

하일라스 그래.

필로누스 그렇다면 실재적 소리에 부속(附屬)하는 것들[우유성들] 하나하나가 다 정당하게 운동에 귀속되어도 괜찮은가?

하일라스 물론이네.

필로누스 그렇다면 **운동**을 **시끄럽**거나 **감미롭**거나 **높**거나 **낮**거나 한 어떤 사물로서 언급하는 것은 이치에 맞는 일인가?

하일라스 자네는 나를 이해하지 않기로 작심을 한 모양이로군. 저러한 우유성이나 양상들은 감각적 소리, 혹은 말의 통상적 의미에서의 **소리**에만 속할 뿐, 실재적이고 철학적인 의미에서의 **소리**—이것은 내가 자네에게 방금 말했다시피 공기의 일정한 운동 이외의 아무것도 아니네—에는 속하지 않는다는 것이 분명하지 않은가?

필로누스 그렇다면 두 가지 종류의 소리, 즉 예사로운 또는 우리가 귀를 통해 듣는 소리 하나와 철학적이고 실재적인 또 하나의 소리가 있는 게로군.

하일라스 바로 그렇다네.

필로누스 그런데 후자는 본질적으로 운동이네.

하일라스 그렇다고 자네에게 앞서 말한 바 있네.

필로누스 말해보게나, 하일라스. 자네가 보기에 운동의 관념은 감각들 중 어떤 것에 속하는가? 청각에?

하일라스 물론 그렇지 않네. 시각과 촉각에 속하네.

필로누스 결국 자네 견해대로라면 실재적 소리들은 어쨌든 볼 수도 있고 **만질** 수도 있겠지만, 결코 **들을** 수는 없다는 결론이 나오겠는걸?

하일라스 이것 보게, 필로누스. 굳이 내 견해를 웃음거리로 만들겠다면 그렇게 해도 좋네. 그러나 그렇다고 해서 사물의 진리가 변하지는 않을 것이네. 물론 나는 인정하네. 자네가 나를 그 속에 옭아 넣은 그 결론들이 좀 이상하게 들린다는 것을. 그러나 일상 언어는 자네도 알다시피 평범한 사람들에 의해, 그리고 그들의 용도를 위해 만들어진 것이네. 그러므로 엄밀한 철학적 개념들에 채용된 표현들이 투박하고 부적절한 것같이 보인다고 하더라도 이상하게 생각할 필요는 없네.

필로누스 그런 지경에까지 이르렀는가? 단언하네만, 나는 얻은 게 결코 적지 않다고 믿네. 자네가 통상적인 말과 주장들로부터 그렇게 가볍게 벗어나 버리니 말이네. 그렇지만 우리 논구의 주된 한 부분은 일상의 길로부터 가장 멀리 벗어나 있으며 세계의 보편적 의견과 가장 큰 폭으로 배치되는 개념들이 누구의 것이냐를 검토하는 일이네. 과연 자네는 **실재적 소리는 결코 들리지 않는다**고 주장하는 것과 그것들에 대한 관념은 모종의 다른 감각에 의해 획득된다고 주장하는 것을 철학적 역설에 지나지 않는다고 생각할 수 있는가? 그리고 그런 것은 자연 및 사물들의 진리와 모순되지 않는가?

하일라스 솔직히 말해서 나도 그것을 좋아하지 않네. 그리고 이미 인정한 것들의 뒤를 이어, 소리 역시 정신과 무관하게는 실재적 존재성을 갖지 않는다는 것을 인정하는 게 좋겠네.

필로누스 그러면 색의 경우에서는 동일한 것을 인정하는 데 이의를 제기하지 않기를 바라네.

하일라스 미안하네. 색의 경우는 사정이 완전히 다르네. 우리가 대상들에서 그것을 본다는 것보다 더 분명한 것이 있을 수 있는가?

필로누스 내 짐작 같아서는 자네가 말하는 대상들이란 정신과 무관하게 존재하는 유형의 실체들이네.

하일라스 물론이네.

필로누스 또 그것들은 그것들에 내속하는 참되고 실재적인 색들을 갖고 있고?

하일라스 가시적인 대상들은 모두 우리가 그것들에게서 보게 되는 색들을 갖고 있네.

필로누스 뭐라고? 시각을 통해 지각되지 않는 가시적인 것이 있다고?

하일라스 그런 것은 없네.

필로누스 그러면 우리는 우리가 직접적으로 지각하지 못하는 어떤 것인가를 감각을 통해 지각하는가?

하일라스 똑같은 말을 몇 번씩 되풀이해야 하나? 분명히 말하지만, 그렇지 않네.

필로누스 진정하게, 하일라스. 한 번만 더 말해주게. 감각적 성질들 외에 감각을 통해 직접적으로 지각되는 어떤 것이라도 있는지를. 나는 자네가 없다고 주장한 것으로 알고 있네. 그러나 내가 지금 알고 싶은 것은 자네가 아직도 같은 견해를 견지하고 있느냐 하는 것이네.

하일라스 두말할 필요가 없네.

필로누스 그렇다면 자네의 유형의 실체는 하나의 감각적

성질인가 감각적 성질들로 이루어진 것인가?

하일라스 고작 한다는 질문이라니. 어느 누가 그렇게 생각하겠는가?

필로누스 내가 그런 질문을 한 이유는, **가시적인 대상들은 모두 우리가 그것들에게서 보게 되는 색들을 갖고 있다**고 말함으로써 자네는 가시적인 대상들을 유형의 실체들로 만들어버리기 때문이었는데, 그것은 유형의 실체들이 감각적 성질들임을 함축하거나 감각적 성질들 말고도 시각을 통해 지각되는 것이 있음을 함축하네. 그러나 우리는 이 점에 관해 앞서 합의했던 것이 있고 자네는 여전히 그 입장을 고수하고 있기 때문에, 자네의 유형의 실체는 감각적 성질들과 전혀 구별되지 않는 것이라는 결론이 분명히 나오게 되네.

하일라스 아무리 자네가 불합리한 결론들을 자네가 원하는 대로 이끌어내고 아주 간명한 것들을 일부러 복잡하게 만들어낸다고 하더라도, 자네 설득력을 가지고 나의 멀쩡한 감각들을 헷갈리게 하지는 못할 거네. 나는 내 자신의 입장을 아주 명확히 이해하고 있네.

필로누스 나는 자네가 그것을 나도 분명하게 이해할 수 있도록 해줬으면 하네. 그러나 자네가 유형의 실체에 대한 자네의 개념을 검토하기를 꺼리기 때문에, 그 점을 더 이상 고집하지는 않겠네. 다만, 우리가 보는 것과 동일한 색들이 외적 물체들 속에 존재하는 것인지, 아니면 어떤 다른 색들이 그런 것인지만 말해주면 좋겠네.

하일라스 완전히 동일한 것들이네.

필로누스 아니, 그렇다면 우리가 저기 저 구름들에서 보는 저 아름다운 빨강과 보라가 실로 그것들 속에 있다는 것인가? 혹시 자네는 구름들이 어둠침침한 안개나 증기와는 다른 성질의 무엇인가를 자신들 속에 가지고 있다고 상상하는 것인가?

하일라스 고백할 수밖에 없구먼, 필로누스. 저 색들은 이렇게 멀리 떨어진 데서 보는 것과는 달리 구름들 속에 실제로 들어 있지는 않네. 그것들은 외관상의 색들일 뿐이네.

필로누스 **외관상의** 색들이라고? 저들 외관상의 색들이 실재적인 색들과 어떻게 다른데?

하일라스 아주 간단하지. 외관상의 것들로 간주되어야 할 것은 멀리서 보면 있는 것같이 보이지만 가까이 다가가면 없어져버리는 것들이네.

필로누스 그러면 내 예상 같아서는 실재적인 것들로 간주되어야 할 것은 아주 가까이에서 정밀하게 조사할 때 발견되는 것들이겠군.

하일라스 맞네.

필로누스 아주 가까이 가서 아주 정밀하게 조사하는 일은 현미경의 도움을 받는 일인가, 아니면 육안에 의한 일인가?

하일라스 물론 현미경을 통한 것이지.

필로누스 그러나 현미경은 종종 나안(裸眼)에 의해 지각된 것과 다른 색들을 대상물에서 찾아내네. 그리고 어느 정도까지든 원하는 대로 확대시킬 수 있는 현미경을 우리가 갖고 있다면, 확실히 그것을 통해 관찰된 대상들은 그 어떤 것이든 그것들이 육안에 나타나는 것과 동일한 색으로 나타나지는 않을 거네.

하일라스 그러면 자네는 이 모든 것으로부터 어떤 결론을 내릴 참인가? 자네는, 대상들에는 실제로, 그리고 자연 상태로는 아무런 색도 없다고 결론 내릴 수는 없네. 색은 인공적 조작을 통해 바뀔 수도 있고 없어져버릴 수도 있기 때문이네.

필로누스 나는 자네 자신이 인정한 것들로부터 우리가 육안으로 본 모든 색은 저 구름들의 그것처럼 외관상의 것일 뿐이라는 결론을 분명히 내려도 된다고 생각하네. 현미경이 그 일을 가능하게 하듯이 보다 면밀하고 보다 정확하게 검사하게 되면, 그것들은 없어져버리기 때문이네. 그러면 그런 결론을 방지하기 위해 자네가 둘러댈 것과 관련해 자네에게 묻겠네. 한 대상의 실재적이고 자연적인 상태가 보다 더 좋게 발견되는 것은 아주 날카롭고 꿰뚫는 듯한 시각에 의해서인가, 아니면 보다 덜 날카로운 시각에 의해서인가?

하일라스 그야 물론 전자에 의한 것이지.

필로누스 현미경이 시각을 보다 더 투철하게 만든다는 것과, 정교하기 이를 데 없는 예리함을 천성적으로 갖고 있는 눈이 있다고 할 때, 대상이 그 눈에 나타나는 것과 같은 식으로, 현미경이 대상을 그려낸다는 것은 **굴절 광학**이 확증하고 있지 않은가?

하일라스 물론이네.

필로누스 그러므로 현미경이 그려내는 것은 사물의 실재적 본성 내지 즉자적으로 그것인 무엇을 가장 잘 드러내 보여주는 것이라고 생각해야 되네. 요컨대 그것을 통해 지각되는 색은 다른 방식으로 지각되는 색보다 더 순수하고 더 실재적이네.

하일라스 자네 말에 일리가 있음을 인정하네.

필로누스 이밖에도 미세하기 때문에 우리의 시야에 들어오지 않는 사물까지 지각할 수 있도록 생래적으로 구성된 눈을 지닌 동물이 실제로 있다는 것은 가능한 일일 뿐만 아니라 주지의 사실이기도 하네. 포착할 수 없을 정도로 작은, 확대경을 통해서나 지각되는 동물에 대해서는 어떻게 생각하는가? 우리는 그것들 모두를 완전히 눈먼 것들이라고 생각해야만 하는 것인가? 아니면 그것들이 볼 수 있다고 가정할 때, 그것들의 시각은 위해(危害)를 가하는 것으로부터 자신의 몸을 보호하는 데 그 밖의 다른 모든 동물의 경우에서 이루어지는 것과 같은 정도로 이바지하지는 못한다고 생각할 수 있는가? 그러나 같은 정도로 이바지한다면, 그것들이 각각의 대상에 대해 우리의 감각에 포착되는 것과는 전혀 다른 경관을 그것들에게 제공하는, 자신들의 몸보다도 더 작은 미립자를 볼 수 있어야 한다는 것은 분명하지 않은가? 심지어 우리들 자신의 눈조차 동일한 대상임에도 불구하고 늘 동일한 양으로 그것을 우리에게 보여 주지 않네. 주지하다시피 **황달**에 걸리면 모든 것이 노랗게 보이네. 그러므로 그 눈에서는 우리의 것과는 전혀 다른 조직을 우리가 확인하게 되고 그 몸에는 [우리의 것과는] 다른 종류의 체액이 가득 들어 있는 그런 동물이 각각의 대상에서 우리가 보게 되는 것과 똑같은 색을 보지 못한다는 것은 개연성이 아주 높은 것이 아닌가? 이 모두를 고려한다면 결국 색은 모두 다 같은 정도로 외관상의 것일 뿐이며 우리에게 지각되는 것은 그 어떤 것이든 실제로는 외적 대상에 내속하지는 않는다는 결론을 내려야 마땅하지 않을까?

하일라스 그래야 할 것 같네.

필로누스 이런 견해는 더 이상 의심할 수가 없네. 색을 외적 물체에 내속하는 실재적 성질 내지 상태라고 할 경우, 그것이 해당 물체 자체에 어떤 변화를 야기하지도 않은 채 변화를 허락할 수는 없다는 점을 자네가 고려한다면 말일세. 그러나 이미 얘기된 것으로부터 한 대상의 색은 현미경이 사용되거나 안구(眼球)의 액에 변화가 일어나거나 간격이 변하거나 하는 경우 해당 사물 자체에 아무런 실재적 변화도 일으키지 않은 채 변해버리거나 완전히 없어져버린다는 것이 분명해지지 않았는가? 어디 그뿐인가. 여타의 모든 사정은 그대로 있고 몇몇 대상의 상황만 바뀐다고 하더라도, 그 대상들은 우리 눈에 다른 색을 보여줄 것이네. 한 대상을 밝음의 정도가 다른 곳에서 살피는 경우도 사정은 마찬가지네. 또 동일한 물체가 촛불 아래에서는 대낮에 볼 때와는 다르게 착색되어 보인다는 것은 주지의 사실이 아닌가? 덧붙여 프리즘을 실험해 보게. 그것은 종류가 다른 광선들로 분해함으로써 모든 대상의 색을 바꾸어놓거니와, 순백색의 것도 육안에는 진한 파랑이나 빨강으로 보이게 만드네. 그러면 이제 말해보게나. 아직도 자네는 모든 물체에는 각기 참된 실재적 색이 내속해 있다는 입장을 취하고 있는지 어떤지를. 그리고 만약 자네가 여전히 그렇게 생각하고 있다면, 나는 자네에게서 그 참된 색을 확인하고 또 그것을 외관상의 색으로부터 구별해 내는 데에는, 문제의 대상이 얼마만큼이나 떨어져 있고 어떻게 놓이는 것이, 눈은 그 특수한 조직과 구성이 어떠한 것이, 그리고 빛은 그 광도와 종류가 어떠한 것이 필수적인가를.

하일라스 확신을 가지고 단언하네만, 그것들은 모두 다 같은 정도로 외관상의 것일 뿐이며, 외적 물체에 실제로 내속하는 색 같은 것은 없네. 색은 요컨대 빛 속에 포함되어 있네. 나로 하여금 이 견해를 굳게 믿도록 만드는 것은 빛에 비례해 색이 상대적으로 밝아지기도 하고 어두워지기도 한다는 점이네. 빛이 없으면 색은 전혀 지각되지 않네. 그뿐인가. 외적 대상에 색이 있음을 인정한다고 하더라도 우리가 그것을 어떻게 지각할 수 있겠는가? 왜냐하면 그 어떤 외적 물체라 하더라도 먼저 우리의 감각기관에 영향을 미치지 않는 한 정신을 자극하지 못하기 때문이네. 그러나 물체의 유일한 작용 방식은 운동이네. 그리고 운동은 충격을 통해서만 전달될 수 있네. 그러므로 멀리 떨어져 있는 대상은 눈에 영향을 미칠 수 없거니와, 따라서 그 자신이나 자신의 성질들을 영혼이 지각할 수 있도록 만들 수도 없네. 결국 이로부터 분명하게 귀결되는 것은 눈에 작용함으로써 색을 지각하도록 만드는, 눈과 직접적으로 접촉하는 모종의 실체가 존재한다는 것인데, 빛이 바로 그런 것이네.

필로누스 아니, 그렇다면 빛이 실체란 말인가?

하일라스 분명히 말하지만, 필로누스, 외적 빛이란 가느다란 유동성의 실체에 지나지 않거니와, 그 작디작은 미립자들은 활발한 운동 상태에 놓여 있네. 그리고 그것들은 다양한 방식으로 외적 물체의 다양한 표면들로부터 눈을 향해 반사됨으로써 시신경에 다양한 운동을 전달하는데, 이것은 뇌에 전해짐으로써 그 안에 다양한 인상을 불러일으키는 것이네. 빨갛다, 파랗다, 노랗다 등의 감각 인상에 동반되는 것들이 바로 그것들이네.

필로누스 그렇다면 빛이 하는 일이란 시신경을 자극하는 것뿐인 것 같구먼.

하일라스 그것뿐이네.

필로누스 신경들의 특수한 운동으로 말미암아 결국 정신 속에 모종의 특수한 색인 하나의 감각 인상이 만들어지는 거로군.

하일라스 맞네.

필로누스 그리고 이들 감각 인상은 정신과 무관한 존재를 갖지 않네.

하일라스 물론이네.

필로누스 그렇다면 어째서 자네는 색이 빛 속에 있다고 주장하는 것인가? 자네는 **빛**으로 정신 외부에 있는 유형의 실체를 이해하고 있기 때문에 묻는 거네.

하일라스 빛과 우리에게 직접적으로 지각되는 바와 같은 색이 정신과 무관하게 존재할 수 없다는 것을 내 인정하네. 그러나 즉자적으로 그것은 물질의 일정한 비감각적 미립자들의 운동과 배열들일 뿐이네.

필로누스 그렇다면 통속적인 의미에서의, 또는 시각의 직접적 대상으로서의 색은 지각 활동을 하는 실체에만 부속할 수 있겠구먼.

하일라스 내 말이 그 말이네.

필로누스 그렇다면 좋네. 자네는 여타의 모든 사람들에

의해서만 색으로 간주되는 감각적 성질과 관련해서 자네의 입장을 포기하므로, 철학자들의 저 비가시적 색과 관련해 자네 의향대로 입장을 취할 수 있네. 그것을 놓고서 논쟁을 벌이는 것이 나의 관심사는 아니네. 다만 나는 우리가 종사하고 있는 논구를 고려할 때, 자네의 다음과 같은 주장이 과연 사려 깊은 것인지 어떤지 자네 스스로 생각해 보기를 권할 뿐이네. **우리가 눈으로 보는 빨강과 파랑은 실재적인 색이 아니다. 정말로 실재적인 색은 이제까지 아무도 본 적이 없으며 또 볼 수도 없는 모종의 알려지지 않은 운동과 형태들이다.** 이것은 형편없는 견해가 아닌가? 그리고 이것은 자네가 앞서 소리의 문제와 관련해 포기할 수밖에 없었던 견해들이 그러했던 것처럼 역시 많은 우스꽝스런 결론들에 내맡겨져 있지 않은가?

하일라스 필로누스, 계속 고집을 부려보았자 소용이 없다는 것을 내 솔직히 인정하겠네. 색, 소리, 맛, 한마디로 말해서 이른바 모든 **이차적 성질**은 확실히 정신과 무관하게는 존재를 갖지 않네. 그러나 이렇게 인정한다고 해서 내가 물질이나 외적 대상의 실재성을 조금이라도 훼손한다고 생각해서는 안 되네. 그것은 그렇게 주장함에도 불구하고 물질을 부정하는 것에서부터 아주 멀리 떨어져 있는 일부 철학자들의 주장 이상의 것이 아니기 때문이네. 이것을 보다 더 분명히 이해하기 위해서 자네는 감각적 성질들이 철학자들에 의해 **일차적인** 것과 **이차적인** 것으로 나뉜다는 점을 알아야 하네. 전자에는 연장(延長), 형태, 고체성, 무게, 운동, 그리고 정지가 속하네. 그리고 저들이 주장하는 바에 따르면, 그것들은 물체 속에 실제로 존재하네. 후자에는 앞서 열거된 것들이 속하네. 요컨대 저들이 주장하는 바에 따르면, 정신 내부 외에는 그 어디에도 존재하지 않는 것들인 한에서만 감각 인상 또는 관념이 되는, 일차적인 것들 이외의 모든 감각적 성질들 말이네. 그러나 나는 이 모든 것을 자네가 훤히 잘 알고 있다는 것을 의심하지 않네. 나에 관해서 말한다면, 나는 그러한 견해가 철학자들 사이에 유포되어 있다는 것은 오래전부터 알고 있었네. 그러나 아직껏 나는 그 진리성에 대해 전적으로 확신을 얻지는 못했네.

필로누스 그렇다면 자네는 아직도 연장과 형태가 사고 활동을 할 수 없는 외적 실체에 내속하는 것이라는 견해를 견지하고 있는 것인가?

하일라스 그렇고말고.

필로누스 그러나 이차적 성질들에 반해 제출된 것과 동일한 반론들이 그것들에 대해서도 타당하다면, 어떻게 하겠는가?

하일라스 그렇다면야 그것들 역시 정신 속에만 존재한다고 생각하는 수밖에 없지 않겠는가.

필로누스 자네 견해는 우리가 감각을 통해 지각하는 바로 그 형태와 연장이 외적 대상 내지 물질적 실체 속에 존재한다는 것인가?

하일라스 그래.

필로누스 다른 모든 동물들도 그들이 보고 느끼는 형태와 연장에 대해 동일한 것을 생각할 충분한 근거를 갖고 있는가?

하일라스 그들이 사고[능력]만 갖고 있다면야 두말할 필요가 없네.

필로누스 대답해 보게나, 하일라스. 자네는 감각들이 모든 동물에게 그들의 생명 유지와 윤택한 삶을 위해 부여되었다고 생각하는가? 아니면 인간에게만 그런 목적을 위해 주어졌다고 생각하는가?

하일라스 그것들이 다른 모든 동물에게서도 동일한 일을 한다는 것은 나에게 있어서 의심의 여지가 없네.

필로누스 그렇다면 그들이 자신들의 감각을 통해 자신들의 사지(四肢)와 자신들을 해칠 수 있는 물체들을 지각할 수 있어야 한다는 것은 필연적이지 않은가?

하일라스 물론이네.

필로누스 그렇다면 진드기의 경우, 그것이 자신의 발을, 그리고 그것만큼 작거나 심지어 그것보다도 더 작은 사물을 상당히 큰 물체로 본다고 가정하지 않으면 안 되네. 비록 그것들이 동시에 자네에게는 거의 알아볼 수 없는 것 아니면 기껏해야 겨우 눈으로 볼 수 있는 점들로 나타난다고 할지라도 말이네.

하일라스 부인할 수 없는 사실이네.

필로누스 또 진드기보다 더 작은 피조물에게는 그것들이 훨씬 더 크게 보일 것이네.

하일라스 물론이네.

필로누스 결국 자네가 거의 알아볼 수 없는 것이 아주 작은 다른 동물에게는 거대한 산처럼 보이겠구먼.

하일라스 그 모두를 다 인정하네.

필로누스 본질적으로 하나의 동일한 사물이 동시에 서로 다른 크기의 것이 될 수 있는가?

하일라스 그렇게 상상하는 것은 불합리할 것이네.

필로누스 그러나 자네가 상정하고 있는 것으로부터는, 자네에 의해 지각되는 연장과 진드기 자신에 의해 지각되는 연장 및 훨씬 더 작은 동물들에 의해 지각되는 연장 모두가 다 실은 진드기 발의 참된 연장이라는 결론이 나오네. 바꾸어 말해서 자네는 자네 자신의 원리들을 따르게 되면 불합리에 봉착하게 되네.

하일라스 이 문제에는 어려움이 좀 있는 것 같네.

필로누스 게다가 자네는 한 대상에 내속하는 그 어떤 실재적 성질이든 문제의 사물 자체에 모종의 변화를 야기하지 않은 채 혼자만 변할 수는 없다는 것을 인정하지 않았는가?

하일라스 그랬지.

필로누스 그러나 우리가 한 대상에 가까이 다가가거나 그것으로부터 멀리 떨어지게 되면, 그 가시적 연장은 바뀌게 되거니와, 이만큼 떨어졌을 때의 가시적 연장은 저만큼 떨어졌을 때의 그것보다 열배 백배나 더 크게 보이네. 그러므로 이것으로부터도 역시 가시적 연장이 대상 속에 실재적으로 내속하는 것이 아니라는 결론이 나오지 않는가?

하일라스 설명이 궁하다는 점을 인정하지 않을 수 없군.

필로누스 자네의 판단은 자네가 이러한 성질을 여타의 것들에서 그랬던 것처럼 선입관에 사로잡힘 없이 과감하게 고찰하게 되면 즉시 확립될 것이네. 물이 한 손에는 따뜻하게 느껴지고 다른 한 손에는 차게 느껴지기 때문에 물속에는 뜨거움도 없고 차가움도 없다는 것이 하나의 좋은 논변으로 간주되지 않았는가?

하일라스 그랬지.

필로누스 한 대상이 이 눈에는 작고 매끄럽고 둥글게 보이지만 동시에 저 눈에는 크고 울퉁불퉁하고 모나게 나타나기 때문에 그 대상 속에는 그 어떤 연장이나 형태도 들어 있지 않다고 결론을 내리는 것은 그것과 완전히 동일한 추론 방식이 아닌가?

하일라스 완전히 동일하네. 하지만 그러한 일이 일어난 적이 있는가?

필로누스 자네는 언제라도 그 실험을 할 수 있네. 한쪽 눈은 그냥 보고 다른 한쪽 눈은 현미경을 통해서 봄으로써 말이네.

하일라스 연장을 어떻게 보아야 좋을지 모르겠네. 하지만 나는 그것을 포기하기도 싫다네. 그런 것을 인정하면 이상한 결론들이 아주 많이 나온다는 것을 뻔히 알면서도 말이네.

필로누스 이상한, 이라고 말했는가? 이미 인정한 것들의 뒤를 이어, 그 이상함으로 인해 실족하는 일이 없기를 바라네. {그러나 다른 한편, 여타의 모든 감각적 성질들을 포함하는 보편적 추론이 연장도 포함하고 있지 않다면, 그것은 아주 이상하게 보이지 않겠는가? 관념이건 관념과 유사한 어떤 무엇이건 지각 활동을 하지 못하는 실체 속에는 존재할 수 없다는 것이 일단 받아들여진다면, 확실히 다음과 같은 결론이 나오게 되네. 우리가 그것을 지각할 수 있고 상상할 수 있고 그것에 대해 어떤 관념을 가질 수 있는 그 어떤 형태나 연장의 양태도 물질 속에 실제로 내속할 수는 없다고 말이네. 연장에 앞서 있으며 연장과 구별되는, 연장의 기체인 물질적 실체의 개념을 형성하는 데 놓여 있는 특수한 어려움을 계산에 넣지 않는다면 말이네. 가령 물질적 실체가 원하는 감각적 성질을 형태나 소리 또는 색이라고 해보게나. 그것[형태, 소리, 색 등의 감각적 성질]이 그것을 지각하지 못하는 것 속에 존립한다는 것은 마찬가지로 불가능한 일 같네.}[2)]

하일라스 현재로서는 이 문제와 관련해 내가 양보하겠네. 그러나 나중에라도 문제의 견해에 이르기까지 내가 밟았던 도정에서 거짓된 행보라도 발견하게 되는 경우 나의 견해를 다시 철회할 권리는 계속 보유하고 있겠네.

필로누스 그것은 자네에게서 결코 부정될 수 없는 권리이네. 형태와 연장의 문제가 결판이 났으므로, 이제는 **운동**의 문제로 넘어가세. 한 외적 물체 속에 있는 실재적 운동은 동시에 아주 빠르기도

2) 괄호 안의 부분은 제3판에 추가된 첨언이다.

하고 아주 느릴 수도 있는가?

하일라스 그럴 수는 없네.

필로누스 한 물체의 운동의 빠르기는 주어진 공간을 주행하는 데 소요되는 시간과 반비례 관계에 있지 않은가? 그러므로 한 시간에 1마일을 주행하는 물체는 세 시간에 1마일만 주행하는 것보다 세 배나 빠르게 움직이는 것이네.

하일라스 동의하네.

필로누스 또 시간은 우리 정신 속에서의 관념들의 계기(繼起)에 따라 측정되는 것이 아닌가?

하일라스 그런 것이지.

필로누스 또 관념들이 자네의 정신 속에서는 내 정신이나 다른 부류의 영적 존재자(spirit)의 정신 속에서보다 두 배 빨리 서로 잇달아 계기하는 일이 가능하지 않은가.

하일라스 인정하네.

필로누스 그러므로 동일한 물체가 다른 사람에게는, 마치 그것이 자네에게는 그만큼 소요되는 것같이 보이는 시간의 절반에 해당하는 시간에 어떤 한 공간 위를 주행하는 운동을 수행하기라도 하는 것처럼, 보일 수도 있는 것이네. 그리고 동일한 추론 방식은 다른 모든 비례들에도 적용되네. 바꾸어 말해서 자네의 원리들에 의하면 (지각되는 두 운동 모두 실제로 대상물 속에 있기 때문에) 하나의 동일한 물체가 동일한 거리를 실로 아주 빠르게 움직임과 동시에 아주 느리게 움직이는 것이 가능하게 되네. 이것은 상식과, 그리고 자네가 방금 인정한 것과 어떤 식으로 부합하는가?

하일라스 할 말이 없네.

필로누스 그러면 **고체성**[3]의 문제로 넘어가 보세. 자네는 이 말로 감각적 성질을 염두에 두지 않을 수 있는데, 그렇다면 그것은 우리의 논구 거리 축에 들지 않게 되네. 그러나 자네가 감각적 성질을 염두에 두고 있다면, 그것은 단단함 아니면 저항일 수밖에 없네. 그러나 이것과 저것 모두 분명히 우리의 감각과 관련을 맺고 있네. 왜냐하면 명백하게도 이 동물에게는 딱딱한 것으로 보이는 것이 힘이 더 세고 보다 더 단단한 사지를

3) 고체성(solidity) : 다른 물체들이 점유하고 있는 공간으로부터 그것들을 밀어내고 자신들이 그 공간을 차지하는 데 있어 물체들이 갖는 성질을 말한다(로크, 《인간 오성론》, 제2권 제4장 참조).

갖고 있는 다른 동물에게는 부드러운 것으로 나타날 수도 있기 때문이네. 그리고 내가 느끼게 되는 저항이 물체 속에 현전하는 게 아니라는 것 또한 아주 명백한 일이네.

하일라스 나는 자네 혼자서 직접적으로 지각하는 저항이라는 감각 인상 자체가 **물체** 속에 있는 것이 아님을 인정하네. 그러나 그 감각 인상의 원인만큼은 물체 속에 있네.

필로누스 그러나 우리의 감각 인상의 원인은 직접적으로 지각되는 사물이 아니네. 따라서 그것은 감각적이지가 않네. 이 문제는 이미 해결된 것으로 나는 알고 있는데.

하일라스 그렇다고 인정하겠네. 그러나 내가 조금 당황해하는 빛을 보이더라도 자네는 나를 눈감아줘야 하네. 나는 아직도 나의 묵은 관념들로부터 어떻게 빠져나와야 할지를 모르고 있다네.

필로누스 자네를 구출해 내기 위해 하는 말인데, 연장이 정신과 무관하게는 존재하지 않는다는 것이 일단 인정되게 되면, 운동과 고체성 및 무게에 대해서도 동일한 것이 반드시 인정되어야 한다는 것만 명심하게. 그것들 모두가 다 명백히 연장을 전제하고 있는 것들이기 때문이네. 그러므로 그것들 하나하나를 별도로 논구하는 일은 불필요하네. 자네가 연장을 부정하게 되면 그것들 모두에 대해 실재적 존재를 부정하는 셈이 되네.

하일라스 필로누스, 자네 말이 사실이라면, 이차적 성질들에 대해 실재적 존재를 부정하는 철학자들[4]이 어찌하여 일차적 성질들에는 그것을 귀속시키는 것인지 나로서는 궁금하다네. 그것들 간에 아무런 차이도 없다면, 그것은 어떻게 설명되어야 하는가?

필로누스 철학자들의 견해 하나하나를 다 해설하는 것이 나의 과제는 아니네. 그러나 그것에 대해 제시될 수 있는 다른 이유들 가운데서 개연성이 있어 보이는 것은, 쾌락과 고통이 후사보다는 오히려 전자와 결합되어 있다고 하는 것이네. 뜨거움과 차가움, 맛과 냄새는 연장과 형태와 운동의 관념들이 우리 안에 환기시키는 것보다 더 생생한 쾌감과 불쾌감을 불러일으키네. 그리고

4) 예컨대, 데카르트와 로크.

고통이나 쾌락이 지각 활동을 하지 못하는 실체 속에 있을 수 있다고 주장하는 것이 너무도 명백히 불합리하기 때문에, 사람들은 일차적 성질들의 외적 존재를 믿어 버릇하던 데서보다는 이차적 성질들의 그것을 믿어 버릇하던 데서 더 쉽게 벗어나게 되네. 이것에서는 실재적 존재를 인정하고 저것에서는 그것을 부정함으로써 강렬한 정도의 뜨거움과 보다 더 적당한 정도의 뜨거움 사이에 자네가 만들어놓았던 차이를 상기한다면, 자네는 여기에 뭔가 참된 구석이 있음을 확신하게 될 거네. 그러나 그러한 구별에는 요컨대 합리적인 근거는 없네. 왜냐하면 무차별적인 감각 인상 역시 확실히 보다 더 유쾌하거나 보다 더 고통스런 것만큼 참되게 **하나의 감각 인상**이기 때문이네. 그러므로 그것들이 사고 활동을 할 수 없는 주체 속에 존재하는 것으로 더 이상 생각되어서는 안 되네.

하일라스 필로누스, 어디선가[5] 절대적 연장과 감각적 연

5) 아이작 뉴턴, 《자연철학의 수학적 원리》(ed. S. Horsley, London, 1779~1785), 정의 8에 대한 주석 참조.

장 간의 구별에 관해 들은 적이 있음이 퍼뜩 생각나는구먼. 어쨌거나 오로지 연장되어 있는 다른 존재자들이 우리들 자신의 신체 부분들과 맺고 있는 관계 속에만 존재하는 **크다**와 **작다**가 해당 실체들 자체에는 실제로 내속하지 않는다는 것이 인정될 수는 있네. 그러나 **크다**와 **작다**로부터, 이런저런 특수한 크기나 형태로부터 추상된 무엇인 바, **절대적 연장**과 관련해 우리로 하여금 동일한 것을 주장하게끔 강제하는 것은 아무것도 없네. 운동의 경우에서도 사정은 마찬가지네. 즉 **빠르다**와 **느리다**는 우리들 자신의 정신들 속에서의 관념들의 계기(繼起)에 전적으로 달려 있는 것이네. 그러나 이러한 운동 양상들이 정신과 무관하게는 존재하지 않기 때문이네만, 그렇다고 해서 그것들로부터 추상된 절대적 운동이 정신과 무관하게 존재하지 않는다는 결론이 도출되는 것은 아니네.

필로누스 하지만 말해보게나. 어떤 한 운동이나 연장의 어떤 한 부분을 다른 것들로부터 구별해 주는 것은 무엇인가? 일정한 정도의 빠르기나 느림이 그러하듯, 각각의 것에 고유한 일정한 크기나 형태는 감각적인 것이지 않은가?

하일라스 그렇다고 보네.

필로누스 그러므로 감각적 성질이 모두 제거된 이들 성질은 강의실 언어로 말하자면 종적(種的)인 차이와 수적(數的)인 차이를 하나도 가지고 있지 않네.[6]

하일라스 물론이네.

필로누스 말하자면 그것들은 연장 일반이요, 운동 일반이네.

하일라스 그럴 수 있네.

필로누스 그러나 **존재하는 것은** 모두 **개별자라** 함은 보편적으로 수용되는 공리이네. 그렇다면 운동 일반이나 연장 일반은 어떻게 유형의 실체 속에 존재할 수 있는가?

하일라스 이 문제를 풀려면 시간이 좀 걸리겠는걸.

필로누스 그러나 내가 보기에는 빨리 결판날 수 있을 것 같네. 의심의 여지가 없는 것이네만, 이런저런 관념을 자네가 형성해 낼 수 있는지 어떤지를

---

6) '이들 성질'이란 운동과 연장을 말하며, '강의실 언어'란 스콜라 철학의 용어법을 의미한다.

자네는 대답할 수 있네. 이제 나는 우리의 논쟁을 이렇게 매듭짓고 싶네. 즉 만약 자네가 자네의 사고 속에 빠르다와 느리다, 크다와 작다, 둥글다와 모나다 등과 같이 정신 속에만 존재하는 것으로 공인되어 있는 감각적 양상들이 모두 제거된 운동 또는 연장이라는 판명한 추상적 관념을 형성할 수 있다면, 나는 이 논쟁에서 자네에게 양보하겠네. 그러나 만약 자네가 그럴 수 없다면, 자네가 관념조차 형성할 수 없는 것을 계속 붙들고 늘어진다는 것은 자네로 봐서는 불합리한 것이 될 거네.

하일라스 솔직히 고백하건대, 그렇게 할 수가 없네.

필로누스 자네는 연장과 운동의 관념을, 문제의 구별을 만들어놓은 장본인들이 **이차적인** 것이라 부르는 모든 성질의 관념들과 구별이라도 할 수 있는가?

하일라스 아니, 연장과 운동을 그것들만 단독으로, 즉 여타의 모든 감각적 성질로부터 추상된 채로 고찰하는 것이 쉬운 일이 아니라고? 그렇다면 수학자들은 대체 어떻게 그것들을 다루는가?

필로누스 하일라스, 다른 것들을 언급하지 않은 채 저러한 성질들에 관한 보편적 명제들과 추론들을 형성하는 것이, 그리고 그러한 의미에 있어서 그것들을 추상적으로 고찰하고 다루는 것이 어려운 일이 아님을 내 인정하겠네. 그러나 "내가 **운동**이라는 말을 단독으로 발음할 수 있기 때문에, 물체를 배제하고서도 나는 운동의 관념을 내 정신 속에 형성할 수 있다"는 결론이 어떻게 나오겠는가? 아니면 **크다**나 **작다**, 또는 다른 어떤 감각적 양상이나 성질이 언급되지 않고서도 연장과 형태에 관한 정리들이 세워질 수 있기 때문에, 연장과 같은 추상적 관념이 특수한 크기나 형태 또는 감각적 성질 없이도 정신에 의해 판명하게 형성되고 또 파악되는 것이 가능한가? 수학자들은 양을 따라 다니는 다른 감각적 성질들을 고려에 넣지 않고서도 양을 다루거니와, 감각적 성질들은 그들의 논증에 대해 전혀 관계가 없는 것들이네. 그러나 그들이 말은 제쳐둔 채 그저 관념에 지나지 않는 것들만 관조하는 것이라면, 나는 자네가 그것들은 연장의 순수한 추상적 관념들이 아니구나 하는 것을 알아차리게 되리라고 믿네.

하일라스 그러면 **순수한 지성**이라는 것에 대해서는 어떻게 생각하는가? 추상적인 관념들이 이 능력에 의해 형성될 수 있지 않은가?

필로누스 나는 추상적인 관념들을 도대체 형성할 수 없으므로, 분명하네만, 자네가 그 말들로 무슨 능력을 이해하고 있건 간에 아무튼 순수한 지성의 지원하에서도 나는 그럴 수가 없네. 뿐만 아니라 순수한 **지성**의 본성과 **덕**, **이성**, **신** 등과 같은 그것의 영적 대상들의 본성을 탐구하는 것이 당면 과제도 아니네. 어쨌거나 감각적 사물들은 감각을 통해서만 지각될 수 있고 상상력을 통해서만 표상될 수 있다는 것만큼만은 아주 명백한 것 같네. 따라서 형태와 연장은 원천적으로 감각을 통해 지각되는 것이므로 순수한 지성에 속하지 않네. 그러나 자네의 나머시 의심들을 무산시키기 위함이네만, 크기의 온갖 특수성으로부터 추상된, 심지어 다른 감각적 성질들로부터도 추상된, 어떤 한 형태의 관념을 만들어 보도록 노력해 보게나.

하일라스 잠시 생각해 보도록 좀 해주게… 못하겠는걸.

필로누스 그러면 자네는 자신의 개념 속에 모순을 품고

있는 어떤 것이 실로 자연 속에 존재하는 것이 가능하다고 생각하는가?

하일라스 그럴 리는 없네.

필로누스 그렇다면 정신의 경우에서조차 연장의 관념과 운동의 관념을 다른 모든 감각적 성질들로부터 분리시키는 것이 불가능하므로, 하나가 있는 곳에는 다른 하나도 필연적으로 존재할 수밖에 없다는 결론이 나오지 않는가?

하일라스 그렇다고 해야 할 것 같네.

필로누스 그러므로 자네가 이차적 성질들에 대한 반론으로 충분하다고 인정했던 것과 너무도 똑같은 논변들이 조금도 무리 없이 일차적 성질들에 대한 반론으로도 타당하게 되네. 뿐만 아니라 자네가 자네의 감각들을 믿는다면 말이네만, 모든 감각적 성질들이 동시에 공존한다거나 감각들에게는 그것들이 동일한 곳에 자리 잡고 있는 것같이 보인다는 것도 분명하지 않은가? 그것들이 대체 보고 만질 수 있는 여타의 성질들이 모두 다 제거된 것으로서의 운동이나 형태를 그려낸 적이 있던가?

하일라스 그 문제에 관해서는 더 이상 언급할 필요가 없네. 내 자진해서 인정하겠네. 지금까지 우리가 밟아온 절차에 은밀한 실수나 과오가 묻혀 있지 않다고 할진대, 모든 감각적 성질들에서는 정신과 무관한 존재가 하나같이 부정되게 된다는 것을. 그러나 앞에서 내가 인정한 것들에 있어서 내가 너무 극단에 흐르지나 않았는지, 또는 이런저런 오류를 간과하지나 않았는지 걱정이 되네. 줄여 말해서 나에게는 깊이 생각할 겨를이 없었다네.

필로누스 그런 문제라면 하일라스, 얼마가 됐건 원하는 만큼 시간을 내서 우리의 논구 과정을 검사해 보게나. 자네가 얼떨결에 범한 잘못이 있다면 그 어떤 것이든 복구시켜도 좋고, 자네가 처음에 견지하고 있던 견해를 뒷받침해 주는 것인데 자네가 빠뜨린 것이 있다면 그 어떤 것이든 이제라도 제시해도 좋네.

하일라스 내가 범한 한 가지 커다란 과오는 **대상**과 **감각 인상**을 충분하게 구별하지 않았던 것인 듯하네. 물론 후자가 정신과 무관하게 존재할 수 있는 것은 아니네만, 그렇다고 해서 전자가 그러지 말라는 법은 없네.

필로누스 어떤 대상을 두고서 하는 말인가? 감각의 대상 말인가?

하일라스 바로 그렇다네.

필로누스 그렇다면 그것은 직접적으로 지각되는 것이겠군.

하일라스 맞네.

필로누스 직접적으로 지각되는 것과 감각 인상의 차이가 무엇인지 설명해 보게나.

하일라스 감각 인상으로 내가 이해하는 것은 지각하고 있는 정신의 활동이네. 그것 말고도 지각되는 것이 있는데, 그것을 나는 대상이라 부르네. 예를 들어 저 튤립에는 빨강과 노랑이 있네. 그러나 그 색들을 지각하는 활동은 내 안에만 있을 뿐, 튤립 속에는 없네.

필로누스 자네는 지금 어떤 튤립을 말하는 것인가? 자네가 보고 있는 것 말인가?

하일라스 바로 그렇다네.

필로누스 그러면 자네는 색, 형태, 연장 외에 무엇을 보는가?

하일라스 그것들 말고는 없네.

필로누스 그렇다면 자네가 말하고자 하는 것은 빨강과 노랑은 연장과 동시에 존재한다는 것이겠구먼. 그렇지 않은가?

하일라스 그것이 전부는 아니네. 내가 말하고 싶은 것은, 그것들은 사고 활동을 할 수 없는 어떤 한 실체 속에 정신과 무관한 실재적 존재를 갖는다는 것이네.

필로누스 문제의 색들이 내가 보고 있는 튤립 속에 실제로 들어 있다는 것은 확실하네. 뿐만 아니라 이 튤립이 자네 정신이나 내 정신과 무관하게 존재할 수 있다는 것도 부정할 수 없네. 그러나 감각의 직접적인 대상, 즉 어떤 한 관념이나 관념들의 연합이 사고 활동을 할 수 없는 실체 속이나 모든 정신의 외부에 존재한다는 것은 그 자체로 명백한 모순이네. 그뿐인가. 나는 이것이 어떻게 해서 자네가 방금 한 말, 즉 빨강과 노랑이 **지네가 보고 있는** 튤립 속에 있다는 것으로부터 귀결되는지 상상조차 할 수가 없네. 자네는 사고 활동을 할 수 없는 저 실체를 **보고 있다**고 주장하지 않기 때문이네.

하일라스 필로누스, 우리의 논구를 논제에서 빗나가게 만드는 자네의 기술은 아무튼 일품이야.

필로누스 보아하니 궁지에 몰리고 싶지 않은 모양이로군. 그렇다면 다시 **감각 인상**과 **대상**에 대한 자네의 구별로 돌아가세. 내가 자네를 제대로 이해하고 있다면, 자네는 모든 지각에서 두 가지 사물을 구별하고 있는데, 그 하나는 정신의 활동이고 다른 하나는 그렇지가 않네.

하일라스 사실이네.

필로누스 그런데 그 활동이 사고 활동을 할 수 없는 어떤 것 속에 존재하거나 그것에 속할 수는 없는 일이네. 그러나 지각에 포함되어 있는, 그것 이외의 다른 것은 그럴 수도 있네.

하일라스 그것이 곧 내 생각이라네.

필로누스 그렇다면 보게나. 만약 정신의 활동과 전적으로 무관한 지각이 있다면, 그러한 지각은 사고 활동을 할 수 없는 실체 속에 충분히 존재할 수 있을 거네.

하일라스 인정하겠네. 그러나 그러한 지각이 있다는 것은 불가능한 일이네.

필로누스 정신은 어느 때 능동적이라고 얘기되는가?

하일라스 무엇인가를 만들어 내거나 없애버리거나 바꾸어버릴 때이네.

필로누스 정신은 의지의 작용을 통하지 않고서도 무엇인가를 만들어내고 중지시키고 바꾸어버릴 수 있는가?

하일라스 그럴 수는 없네.

필로누스 그러므로 정신은 그것의 지각 작용들에 있어서 능동적인 것으로 간주되어야 하네. 그 지각 작용들 가운데 의지 작용이 포함되어 있는 한에서 말이네.

하일라스 맞네.

필로누스 내가 이 꽃을 꺾을 때, 나는 능동적이네. 왜냐하면 나는 내 의지 작용의 결과로서 일어나는 나의 손 운동을 통해 그 일을 행하기 때문이네. 그것을 내 코에 갖다 댈 때에도 사정은 마찬가지네. 그러나 이 둘 중 어느 것이 냄새 맡는 일인가?

하일라스 둘 다 아니네.

필로누스 나는 내가 코로 공기를 들이마실 때에도 역시 능동적이네. 왜냐하면 내가 다른 방식으로가 아니라 이렇게 숨을 쉬는 것은 내 의지 작용의 결과이기 때문이네. 그러나 그것도 냄새 맡는 일이라 부를 수는 없네. 그렇지 않다면 내가 그런 식으로 숨을 쉴 때마다 매번 나는 무엇인가를 냄새 맡고 있는 것일 터이기 때문이네.

하일라스 맞네.

필로누스 그렇다면 냄새 맡는 일이란 이 모든 일의 결과로서 생기는 어떤 것이네.

하일라스 그렇게 되네.

필로누스 그러나 나는 내 의지가 그 이상 관여했다고 보지는 않네. 거기서 일어나는 그 이상의 것－내가 모종의 특수한 냄새를 지각한다든가, 도대체 어떤 냄새인가를 지각한다든가 하는 것 말이네－은 그 어떤 것이든 내 의지와 무관하거니와, 이 점에 있어서 나는 완전히 수동적인 입장에 놓여 있는 것이네. 자네 경우는 그렇지 않은가, 하일라스?

하일라스 아니네. 완전히 같네.

필로누스 그러면 이제는 **보는 일**의 경우네. 자네가 눈을 떴다 감았다 하는 것, 눈을 이쪽저쪽으로 돌리는 것은 자네의 능력 안에 있지 않은가?

하일라스 그렇다마다.

필로누스 그러나 이 꽃을 쳐다보면서 자네가 다른 어떤 색이 아니라 하양을 지각하는 것은 마찬가지 방식으로 자네의 의지에 달려 있는 문제인가? 또 뜬 채로 눈을 하늘의 저쪽 부분으로 돌릴 때 자네는 태양을 보지 않을 수 있는가? 또 빛이나 어둠은 자네의 의지 작용의 결과인가?

하일라스 물론 그렇지 않네.

필로누스 그렇다면 자네는 이러한 면들에서 완전히 수동적인 입장에 놓여 있는 셈이네.

하일라스 그렇지.

필로누스 그러면 말해보게나. 보는 일은 빛과 색을 지각하는 데 성립하는 것인가, 눈을 뜨고 돌리는 데 성립하는 것인가?

하일라스 그거야 물론 전자지.

필로누스 그렇다면 자네가 모든 감각 인상의 구성 요소라고 말했던 예의 저 활동[즉, 지각]은 어떻게 되는가? 자네는 빛과 색의 지각에 있어서 완진히 수동적이니 말이네. 그리고 자네 자신이 인정한 것들로부터는, 빛과 색의 지각은, 그 안에 아무런 활동도 포함하고 있지 않으므로, 지각 활동을 하지 못하는 실체 속에 존재할 수도 있다는 결론이 나오지 않는가? 그리고 그것은 명백한 모순이 아닌가?

하일라스 뭐라고 해야 좋을지 모르겠구먼.

필로누스 그뿐이 아니네. 자네는 각각의 지각들에서 **능동적인** 것과 **수동적인** 것을 구별하므로, 고통의 지각에서도 그렇게 하지 않으면 안 되네. 그러나 고통—이것은 자네가 원하는 만큼 능동적이지 않네—이 지각 활동을 하지 못하는 실체 속에 존재한다는 것은 어떻게 해서 가능한가? 한마디로 말해서 사안을 잘 살펴본 다음, 빛과 색, 맛, 소리 등이 다 같은 정도로 영혼 속에 들어 있는 느낌이나 감각 인상들이지는 않은 것인지 솔직히 말해보게나. 물론 자네는 그것들을 외적 대상이라 부를 수도 있으며, 자네 마음에 드는 모든 종류의 현존을 그것들에게 말로 부여할 수도 있네. 그러나 자네 자신의 생각들만 검토한 다음, 사정이 내 말과 같지 않은지 말해주게나.

하일라스 필로누스, 내 인정하거니와, 내 정신 속에서 일어나는 일들을 선입관에 사로잡히지 않은 채 관찰하는 데서 내가 발견할 수 있는 것은 오직, 나는 다양한 감각 인상의 영향을 받는, 사고 활동을 하는 존재자로구나 하는 것뿐이네. 아울러 감각 인상이 지각 활동을 하지 못하는 실체 속에 어떤 식으로 존재하는 것인가를 파악하는 것도 가능한 일이 아니네. 그러나 반면에 감각적 사물들을 다른 관점에서 살핌으로써 그것들을 그토록 많은 양상들과 성질들로 간주하게 되면, 물질적 **기체**—이것이 없으면 그것들의 존재는 파악될 수가 없네—를 상정하는 것은 필연적이라고 보네.

필로누스 자네는 그것을 **물질적 기체**라고 부르는가? 그래 자네가 그런 존재자를 알게 된 것은 자네의 감각들 중 어떤 것을 통해서인가?

하일라스 그것 자체는 감각적이지가 않네. 그것의 양상과 성질들만 감각을 통해 지각될 뿐이네.

필로누스 그렇다면 내 추측하건대, 그것에 대한 관념을 자네는 반성과 이성을 통해 얻은 게로군.

하일라스 나는 내가 그것에 대해 딱 떨어지는 명료한 관념을 갖고 있다고 내세우지 않네. 그렇긴 하지만 나는 그것이 존재한다는 입장이네. 담지자 없이는 성질들의 존재가 파악되지 않기 때문이네.

필로누스 그렇다면 자네는 그것의 상대적 개념만 갖고 있거나 그것이 감각적 성질들과 맺고 있는 관계

속에서만 그것을 파악하고 있는 것 같구먼.

하일라스 맞네.

필로누스 그렇다면 그 관계는 어디에 성립하는 것인지 가르쳐주면 좋겠네.

하일라스 그것은 **기체**나 **실체**라는 명칭 속에 충분히 표현되어 있지 않은가?

필로누스 그렇다면 **기체**라는 말은 그것이 감각적 성질들이나 우유성들의 기저에 펼쳐져 있다는 것을 의미할 터이네.

하일라스 맞네.

필로누스 또 결과적으로 연장의 기저에도 펼쳐져 있을 테고.

하일라스 인정하네.

필로누스 그러므로 그것은 그 본성상 연장과 완전히 구별되는 무엇이네.

하일라스 그래. 연장은 하나의 양상일 뿐이며, 물질은 양상들의 담지자네. 그리고 담지되는 것이 담지하는 것과 별개의 것이라는 것은 분명하지 않은가?

필로누스 그렇다면 연장과는 구별되고 연장을 배제하는 어떤 것이 연장의 **기체**로 상정되고 있는 것이네.

하일라스 바로 그렇다네.

필로누스 대답해 보게나, 하일라스. 연장이 없이도 사물이 펼쳐질 수 있는가? 또 **펼쳐진다**는 것 속에는 연장의 관념이 반드시 포함되어 있는 것이 아닌가?

하일라스 물론이네.

필로누스 그러므로 어떤 것인가의 기저에 펼쳐져 있는 것으로 자네가 상정하고 있는 것은 그 어떤 것이든 그 자체 속에, 그 자신이 그 기저에 펼쳐져 있는 문제의 사물의 연장과는 구별되는 연장을 갖고 있지 않으면 안 되네.

하일라스 물론이네.

필로누스 결국 연장의 **기체**가 되는 유형의 실체는 모두 그 자체 속에, 그 자신에게 **기체**의 자격을 부여하는 다른 하나의 연장을 가질 수밖에 없는데, 이런 관계는 끝없이 이어지게 되네. 그래 어떤가, 이것은 본질적으로 불합리하지 않은가? 또 자네가 방금 인정했던 것, 즉 **기체**는 연장과 구별되고 연장을 배제하는 어떤 것이라는 것과도 모순되지 않는가?

하일라스 그렇긴 하네. 그러나 필로누스, 자네는 나를 잘못 이해하고 있네. 내가 염두에 두고 있는 것은 물질이 연장의 기저에 말 그대로 **펼쳐져** 있다는 것이 아니네. **기체**라는 말은 일반적으로 **실체**와 동일한 것을 표현하는 데에만 사용되네.

필로누스 그렇다면 좋네. **실체**라는 명칭 속에 함축되어 있는 관계를 검토해 보세. 그 관계는 그것이 우유성들의 기저에 가로놓여 있다는 것 아닌가?

하일라스 바로 그렇다네.

필로누스 그러나 다른 것의 기저에 가로놓여 있거나 그것을 담지하는 어떤 것은 연장되어 있어야 하는 것 아닌가?

하일라스 물론이네.

필로누스 그렇다면 이러한 상정은 앞서의 것과 동일한 불합리를 허용하는 것이 아닌가?

하일라스 자네는 여전히 모든 것을 한 치도 어긋남이 없이 글자 그대로 받아들이는데, 필로누스, 그것은 공정한 처사가 아니네.

필로누스 나는 자네 말에 어떤 의미를 억지로 갖다 붙일 생각이 전혀 없네. 그것을 자네가 어떻게 설명하든 그것은 자네가 알아서 할 일이네. 내가 자네에게 간청하는 것은 단 한 가지, 자네 말로 내가 무엇인가 이해할 수 있도록만 해주게나. 자네 말에 따르면, 물질은 우유성들을 담지하거나 그것들의 기저에 가로놓여 있는 것이네. 어디, 자네 다리가 자네 몸을 떠받치고 있는 것과 같은가?

하일라스 아니네. 그것은 문자적인 의미네.

필로누스 그렇다면 자네는 그것을 글자대로건 아니건 간에 아무튼 어떤 의미로 이해하고 있는지 말해보게나… 하일라스, 자네 대답을 들으려면 얼마를 더 기다려야 되는가?

하일라스 정말이지 무슨 말을 해야 할지를 모르겠네. 물질은 우유성들을 담지한다고 하는 것이 무엇을 의미하는지 전에는 아주 잘 이해하고 있다고 생각했네. 그러나 지금에 와서는 생각하면 할수록 더욱더 알 수 없는 게 그것이네. 요컨대 나는 그것에 대해 아는 바가 전혀 없다는 것을 알게 되었네.

필로누스 그렇다면 자네는 상대적인 것이건 적극적인 것이건 간에 도대체 물질에 대해 아무런 관념도 갖고 있지 않은 것 같구먼. 그러니까 자네는 그것이 즉자적으로 무엇인지도 모르고, 그것이 우유성들과 어떤 관계를 맺고 있는지도 모르는 것이네.

하일라스 인정하겠네.

필로누스 그런데 자네는, 성질들이나 우유성들의 물질적 담지자를 동시에 표상하지 않고서는 그것들이 실로 어떤 식으로 존재하는 것인지 표상할 수 없노라고 주장했네.

하일라스 그랬지.

필로누스 바꾸어 말하면 자네가 성질들의 실재적 존재를 표상할 때 자네는 동시에 자네가 표상할 수 없는 것을 표상하는 게 되네.

하일라스 잘못이었음을 인정하겠네. 그러나 오류가 또 불쑥 튀어나오지 않을까 마음이 늘 조마조마하다네. 그런데 이것에 대해서는 어떻게 생각하는가? 방금 머릿속에 떠오른 것인데, 우리의 모든 실수의 원인은 자네가 각각의 성질을 따로따로 다루는 데 있다는 생각이 드네. 보게나, 내 인정하거니와, 각각의 성질은 낱개로 정신과 무관하게 존립할 수가 없네. 즉 색은 연장 없이는 존립할 수 없으며, 형태는 어떤 다른 감각적 성질 없이는 존립할 수가 없네. 그러나 다양한 성질들은 함께 결합되거나 뒤섞임으로써 완전한 감각적 사물들을 형성하기 때문에, 그러한 사물들은 정신과 무관하게 존재한다고 상정하지 못할 이유가 하나도 없는 것이네.

필로누스 하일라스, 자네는 지금 농담을 하고 있는 게 아니면 아주 나쁜 기억력을 갖고 있는 것이네. 비록 우리가 성질들 모두를 이름을 들어가며 하나씩 검토해 오긴 했어도, 내 논변들이랄까 자네가 인정한 것들이랄까 하는 것은 내내 이차적 성질들이 각기 독자적으로는 존립할 수 없다는 것이 아니라, 그것들은 도대체 정신과 무관하게는 존립하지 않는다는 것을 증명하고자 했던 것이네. 물론 우리는 형태와 운동을 다루면서, 독자적으로 존재하는 것으로 표상하기 위해 그것들을 모든 이차적 성질들로부터 분리시키는 것이 사고(思考)상으로조차 불가능하기 때문에, 그것들이 정신과 무관하게는 존재할 수 없다고 결론을 내렸네. 하지만 그건 저 기회에 사용된 유일한 논거는 아니었네. 그러나 (자네가 원한다면 이제까지 얘기된 것들은 다 지나간 일로 치고 묻어두도록 하겠네만) 나는 그 전부를 이렇게 매듭짓고 싶네. 즉 만약 자네가 성질들의 어떤 한 혼합이나 합성이, 아니면 어떤 것이건 간에 아무튼 감각적 대상이 정신과 무관하게 존재하는 것이 가능하다고 표상할 수 있다면, 나는 감각적 대상이 실제로 그렇게 존재한다고 인정하겠네.

하일라스 사태가 이 정도까지 되었다면, 조만간 결판이 나겠구먼. 어떤 정신이건 간에 아무튼 정신과 무관하게, 그리고 정신에 의해 지각되지 않은 채 독자적으로 존재하는 나무나 집을 표상하는 것보다 더 쉬운 일이 어디 있겠는가? 나는 지금 현재 그것들이 그런 식으로 존재하고 있음을 표상하고 있다네.

필로누스 여보게, 하일라스, 자네는 그래 동시에 보이지 않는 것을 볼 수 있다는 말인가?

하일라스 아니, 그건 모순일 거야.

필로누스 **표상되지 않는** 것을 **표상하는** 데 대해 말하는 것 역시 같은 정도로 큰 모순이 아닌가?

하일라스 물론이네.

필로누스 그렇다면 자네가 머리에 떠올리고 있는 나무나 집은 자네에 의해 표상된 것인가?

하일라스 어떻게 다른 것일 수 있겠는가?

필로누스 그래 표상되는 것은 물론 정신 속에 있겠지?

하일라스 여부가 있겠는가. 표상되는 것은 정신 속에 있네.

필로누스 그런데 자네는 어떻게 그렇게 주장하게 되었는가? 어떤 정신이건 간에 아무튼 모든 정신과 무관하게, 그리고 모든 정신의 외부에 존재하는 집이나 나무를 표상하고 있노라고 말이야.

하일라스 내 인정하네만, 그것은 잘못이었네. 그러나 잠깐, 그런 것에 빠져들게끔 했던 것이 무엇이었는지 생각 좀 해보겠네… 그것은 우습기 짝이 없는 실수네. 그것을 보기 위해 누가 거기에 있는 것도 아닌, 외딴 곳에 있는 나무를 머릿속에 떠올리며, 나는 그냥 이런 것이 바로 누구에 의해 지각되는 일도 없고 누구의 주의를 끄는 일도 없이 존재하는 그런 나무를 표상하는 것이겠구나 하고 생각했다네. 내 자신이 그것을 그동안 죽 표상했다는 것은 까맣게 잊은 채 말이네. 그러나 이제는 분명하게 아네. 내가 할 수 있는 것은 내 자신의 정신 속에 관념들을 형성하는 일뿐임을. 물론 나는 내 자신의 생각들 속에 나무나 집 또는 산의 관념을 떠올릴 수 있네만, 그것이 전부네. 그리고 그것은 내가 **모든 영적 존재자의 정신 외부에 존재하는** 그것들을 표상할 수 있음을 증명하는 것과는 거리가 먼 것이네.

필로누스 그렇다면 자네는 하나의 유형의 감각적 사물이 정신 속에 말고는 어떻게 달리 존재하는 것인지 자네가 어쨌든 표상할 수 없다는 것을 인정하는 셈이네.

하일라스 그렇게 됐네.

필로누스 그럼에도 불구하고 자네는 자네가 표상조차 할 수 없는 것의 진리를 위해 투쟁할 각오가 대단하네.

하일라스 솔직히 말해서 나도 어떻게 해야 좋을지 모르겠네. 다소 망설여지는 대목들이 여전히 남아 있기도 하고 말이야. 내가 멀리 떨어져 있는 사물들을 본다는 것은 확실하지 않은가? 예를 들어 우리는 별과 달을 아주 멀리 떨어져 있는 것으로 지각하지 않는가? 이것은 그래 감각들에게 아주 분명하지 않은가?

필로누스 자네는 꿈속에서도 이런저런 대상들을 지각하지 않는가?

하일라스 그래.

필로누스 그리고 그것들은 동일한 거리를 유지하고 있는 것같이 보이지 않는가?

하일라스 그렇게 보이지.

필로누스 그러나 자네는 그로부터, 꿈속의 현상들이 정신과 무관하게 존재한다는 결론을 내리지는 않지 않는가?

하일라스 그렇다마다.

필로누스 그렇다면 자네는 감각적 대상들의 현상이나 그것들이 지각되는 방식으로부터 감각적 대상들이 정신과 무관하게 존재한다는 결론을 내려서는 안 되네.

하일라스 인정하겠네. 그러나 나의 감각은 그러한 경우들에서 나를 속이지 않는가?

필로누스 결코 그렇지 않네. 자네가 직접적으로 지각하는 관념이나 사물이 실로 정신과 무관하게 존재한다는 것을 자네에게 일러주는 것은 감각도 아니고 이성도 아니네. 감각을 통해 자네가 알게 되는 것은 오직 자네가 그러그러한 빛과 색 등의 감각 인상들에 의해 자극을 받고 있다는 것뿐이네. 그리고 자네는 이것들이 정신과 무관하게 존재한다고 주장하지는 않을 것이네.

하일라스 물론이네. 그러나 이것은 제쳐놓고서 하는 말이네만, 자네는 시각이 **외재성**(外在性)이나 **거리** 같은 무엇을 암시한다고 생각하지 않는가?

필로누스 멀리 떨어진 대상에 접근하게 되면, 가시적 크기와 형태는 끊임없이 변하는가, 아니면 거리와는 상관없이 동일하게 나타나는가?

하일라스 그것들은 계속 변하게 되네.

필로누스 그렇다면 시각은 자네가 직접적으로 지각하는 가시적 대상이 멀리 떨어진 곳에 존재한다거나[7] 자네가 앞으로 좀 더 나아가게 되면 자네가 그것을 지각하게 될 것임을 암시하지도 않거니와, 그것을 자네에게 어떤 식으론가 일러주는 것도 아니네. 시각이란 오히려 자네가 접근하는 동안 내내 잇달아 일어나는 계속되는 일련의 가시적 대상들이네.

하일라스 그렇긴 하네만, 그럼에도 불구하고 나는 내가 어떤 한 대상을 볼 때, 일정한 거리를 지나게 되

---

7) 《새로운 시각 이론을 위한 한 시론》과 그것의 《옹호》를 보라.(지은이 주) 《옹호》는 《시각 이론, 그 옹호와 해설》(1733)을 말한다.

면 어떤 대상을 내가 지각하게 될 것인가를 알고 있네. 그것이 정확히 동일한 것이냐 아니냐는 물론 전혀 문제되지 않네. 즉 그런 경우에 거리 같은 무엇이 늘 암시되는 것이네.

필로누스 친애하는 하일라스여, 이 문제에 관해 잠시 생각을 정리해 보게나. 그런 다음, 그 속에 다음보다 더 많은 것이 들어 있는지 어떤지 말해주게나. 즉 시각을 통해 자네가 실로 지각하는 관념들로부터 자네는 경험을 통해 시간과 운동의 일정한 연속 다음에는 (자연의 정해진 순서에 따라) 어떤 다른 관념들이 자네 머릿속에 떠오르게 될 것인지를 가늠할 줄 알게 되었다는 것 말이네.

하일라스 전체적으로 볼 때, 내 견해도 다를 바가 없네.

필로누스 그러면 분명하지 않은가? 태어나면서부터 앞을 보지 못하던 사람이 갑자기 볼 수 있게 되었다면, 그는 우선 시각을 통해 암시되고 있는 것에 대해서는 전혀 경험할 수 없으리라는 것 말이네.

하일라스 물론이네.

필로누스 그렇다면 그는, 자네의 견해대로라면 그가 본

사물들에 거리의 개념을 연계시키는 것이 아니라, 그것들을 자신의 정신 속에만 존재하는 새로운 일련의 감각 인상들로 간주하는 것이네.

하일라스 그렇다마다.

필로누스 그러나 문제를 보다 더 분명하게 하기 위함이네만, 거리란 눈을 향해 곧게 뻗은 선이 아닌가?

하일라스 물론이네.

필로누스 그리고 그렇게 그어진 선은 시각을 통해 지각될 수 있는 것인가?

하일라스 그렇지는 않네.

필로누스 그렇다면 그로부터, 거리는 시각을 통해서는 제대로, 그리고 직접적으로 지각되지 않는다는 것이 귀결되지 않는가?

하일라스 그런 것같이 보이네.

필로누스 그밖에 자네의 견해는, 색은 멀리 떨어져 있다는 것인가?

하일라스 인정되어야 할 것은 그것이 정신 속에만 현전한다는 것이네.

필로누스 그러나 색은 우리 눈에 연장 및 형태와 동일한 장소에 동시에 공존하는 것으로 나타나지 않는가?

하일라스 물론이네.

필로누스 그렇다면 자네는 어떻게 시각으로부터 형태가 [우리의 정신] 외부에 존재한다는 결론을 이끌어낼 수 있는 것인가? 색의 경우에서는 그렇지 않다고 인정하면서 말이네. 감각적 현상은 두 경우에서 완전히 동일함에도 불구하고 말이네.

하일라스 대답할 말이 없구먼.

필로누스 그러나 거리가 정신에 의해 진실로, 그리고 직접적으로 지각되는 것임을 인정한다 하더라도, 그것이 정신 외부에 존재한다고 결론 내려서는 안 될 것이네. 왜냐하면 직접적으로 지각되는 것은 모두 관념이기 때문이네. 그래 어떤 **관념**이 정신 외부에 존재할 수 있겠는가?

하일라스 그렇게 상정하는 것은 불합리할 것이네. 그러나 가르쳐주게나, 필로누스. 우리는 우리의 관념들 말고는 그 어떤 것도 지각하거나 알 수 없는 것인가?

필로누스 결과로부터 원인을 합리적으로 연역하는 문제 같은 것은 우리의 논구 범위를 벗어나 있네.[8]

---

8) 〈첫 번째 대화〉는 감각에 주어져 있는 것에 한정되어 있다. '관념'의

그리고 감각을 통해서 자네가 직접적으로 지각되지 않는 무엇인가를 지각하는 것인지 어떤지는 자네 자신이 더 잘 말할 수 있네. 내가 자네에게 묻는 것은, 직접적으로 지각되는 사물이 자네 자신의 감각 인상이나 관념과 다른 것인가 하는 점이네. 자네는 물론 이 대화가 진행되는 동안 이러한 문제들에 관해 한 번 이상 자네의 견해를 피력한 바 있네. 그러나 자네가 바로 위에서 제기한 물음을 보면 자네는 자네가 앞서 취했던 입장에서 벗어나 있는 것같이 보이네.

하일라스 필로누스, 사실대로 말하면, 나는 두 가지 종류의 대상이 있다고 믿네. 하나는 직접적으로 지각되는 것으로서 관념이라고도 불리는 것이요, 다른 하나는 관념을 매개로 지각되는 실재적 사물 내지 외적 대상인데, 관념이란 곧 이것의 심상(心象)이자 대리자네. 이제 나는 관념이 정신과 무관하게는 존재하지 않는다는 것은 인정하네. 그러나 두 번째 부류의 대상은 정신과 무관하게 존재하네. 이러한 구별을 좀 더 일찍 생각

---

원인에 대한 고찰은 〈두 번째 대화〉에 가서 이뤄진다.

해 내지 못해 미안하네. 그랬더라면 아마도 자네가 많은 말을 하지 않아도 되었을 텐데 말이야.

필로누스 그들 외적 대상은 감각에 의해 지각되는가, 아니면 어떤 다른 능력에 의해 지각되는가?

하일라스 그것들은 감각에 의해 지각되네.

필로누스 아니, 감각에 의해 지각되는 것으로서 직접적으로 지각되지 않는 것도 있다는 말인가?

하일라스 그래, 필로누스. 그런 부류의 것도 있네. 예를 들어 내가 율리우스 카이사르의 그림이나 조상(彫像)을 바라볼 때, 어떤 점에서는 내가 나의 감각을 통해 그를 (직접적으로는 아니라 하더라도) 지각하고 있다고 얘기할 수도 있네.

필로누스 그렇다면 자네는 유일하게 직접적으로 지각되는 우리의 관념들을 외적 사물들의 그림들이 되게 할 심산인 것 같구먼. 그렇다면 그림들 역시 우리의 관념들과 일치성 내지 유사성을 갖는 한에 있어서 감각을 통해 지각되었을 터이네.

하일라스 내 말이 그 말이네.

필로누스 그래 율리우스 카이사르가 즉자적으로는 비가시적이지만 그럼에도 불구하고 시각을 통해 지각되는 것과 동일한 방식으로 [감각을 통해 지각되었을 터이네]. 이렇듯 실재적 사물들은 즉자적으로는 지각될 수 없지만 감각을 통해 지각되는 것이네.

하일라스 바로 그렇다네.

필로누스 말해보게나, 하일라스. 자네는 율리우스 카이사르의 그림을 바라볼 때 자네 눈으로 전체적으로 일정한 균형과 구도를 유지하고 있는 몇몇 색과 형태들 이외의 뭔가를 더 보는가?

하일라스 아니네. 그게 전부네.

필로누스 그리고 율리우스 카이사르에 대해 들어 알고 있는 바가 전혀 없는 사람은 그 정도도 보지 못하겠지?

하일라스 그럴 것이네.

필로누스 그러니까 그는 자신의 시각을 갖고 있는 것이며, 그 사용의 정도 또한 자네만큼이나 완벽하네.

하일라스 동의하네.

필로누스 그렇다면 어찌하여 자네의 생각들은 예의 저 로마 황제 쪽으로 기울어지는데, 그의 생각들은 그렇지 않은 것인가? 그것은 자네에 의해 그 당시 지각된 감각의 감각 인상이나 관념들에 기인하는 것일 리는 없네. 자네가 인정하다시피 자네는 그런 점에서 그보다 뛰어난 바가 전혀 없기 때문이네. 그러므로 그것은 이성과 기억에서 유래하는 듯싶은데, 그렇지 않은가?

하일라스 그럴 듯싶네.

필로누스 결국 이 예로부터 감각에 의해 지각되는 것으로서 직접적으로 지각되지 않는 것도 있다는 결론이 나오지는 않네. 물론 어떤 점에서는 감각을 통해 간접적으로 지각되는 감각적 사물들에 대해 언급할 수 있다는 것을 인정하네. 즉 빈번히 지각되는 연결 때문에 한 감각에 의한 관념들의 직접적 지각이 정신에게는 아마도 다른 감각에 속하는 것일 다른 관념들—이것들은 보통 저것들과 연결되곤 하네—을 암시하는 경우 말이네. 예를 들어 마차가 도로를 달리는 소리를 들을 때, 내가 직접적으로 지각하게 되는 것은 그 소리뿐이네. 그러나 그런 소리는 마차와 연결되어 있다고 하는 내 경험으로 미루어 나는 내가 마차 소리를 듣고 있는 것이라고 말할 수 있네. 그럼에도 불구하고 분명한 것은, 사실이 그렇기도 하지만 엄밀하게 말하면 **소리** 말고는 아무것도 **들리지** 않는다는 것이네. 마차란 요컨대 감각에 의해 제대로 지각되는 것이 아니라 경험을 통해 암시되는 것이네. 빨갛게 단 철봉을 본다고 얘기 되는 경우에도 사정은 마찬가지네. 철의 고체성과 뜨거움은 시각의 대상이 아니라 그 감각에 의해 고유하게 지각되는 그 색과 형태를 통해 상상력에 암시되는 것이네. 요컨대 오직 그러한 것들만 실로, 그리고 엄밀한 의미에서 감각에 의해 지각되는 것인데, 동일한 감각이 그제야 비로소 우리에게 부여되는 경우라 할지라도 그것들은 지각될 것이네. 여타의 것들과 관련해 분명한 것은, 그것들은 이전의 지각들에 기초해 있는 경험에 의해서만 정신에 암시된다는 것이네. 그러나 카이사르 그림에 관한 자네의 비교로 돌아가서 하는 말이네만, 만약 자네가 그 입장을 고수한다면, 자네는 분명히 우리의 관념의 실재적 사물 내지 원형은 감각에 의해서가 아니라, 이성이나 기억 같은 영혼의 어떤 내적 능력에 의해 지각되는 것이라고 상정하지 않으면 안 되네. 그래서 나는 알고 싶은 것이네. 자네는 **실재적 사물** 내지 **물질적 대상**이라 부르는 것의 존재를 위해 이성으로부터 어떤 논거들을 이끌어낼 수 있는가? 아니면 그것들을 그것들이 즉자적으로 존재하는 대로 전에 한 번 보았음을 자네가 기억하는 것인가? 아니면 어떤 사람에게 그런 일이 있었음을 자네가 듣거나 읽은 것인가?

하일라스 필로누스, 자네는 내가 보기에 비꼬는 경향이 있네. 그러나 그것이 나를 납득시키지는 못할 거네.

필로누스 내 목표는 오로지 자네에게서 **물질적 존재자들**의 인식에 이르는 길을 배우는 것뿐이네. 우리가 지각하는 모든 것은 직접적으로 아니면 간접적으로 지각되는 것이네. 감각을 통해서거나 아니면 이성과 반성을 통해서 말이네. 그러나 자네는 감각을 제외시켜 버렸으므로, 부탁이네만, 저것들의 존재를 믿는 데 대해 자네가 가지고 있는 근거를 나에게 보여주게나. 아니면 그것을 내 오성이나 자네의 오성에 증명하는 데 자네가 어떤 **수단**인가를 아무튼 사용할 수 있음을 보여주든가.

하일라스 내 솔직히 고백하겠네, 필로누스. 지금 이 문제를 보면 내가 자네에게 그것에 대한 합당한 근거를 제시할 능력이 도무지 없다는 생각이 드네. 그러나 그와 같은 사물들이 실제로 존재하는 것이 최소한 가능하다는 정도까지는 어쨌거나 분명한 것 같네. 그리고 그것들을 상정하는데 불합리한 점이 조금도 없는 한에 있어서, 자네가 그 반대의 것을 내걸며 그것에 합당한 근거들을 제시하기 전까지 나는 지금껏 내가 믿어왔던 바를 고집할 작정이네.

필로누스 아니 벌써 그렇게까지 됐나? 자네는 물질적 대상의 존재를 단지 믿기만 할 뿐이며, 자네의 믿음은 그저 그것의 진리 가능성에 기초해 있을 따름이라는 정도로까지 말이네. 한데 자네는 나에게 그것에 대한 반론들을 제시할 것을 요구하고 있네. 물론 다른 사람들은 무엇을 주장하는 사람이 그것에 대해 증명까지 하는 걸 이치에 맞는 일로 간주할 테지만 말이네. 그런데 결국은 자네가 지금 아무런 근거도 없이 주장할 작정인 바로 그 점은 사실상 자네가 이 대화가 진행되는 동안 포기할 만한 근거가 충분히 있는 것으로 한 번 이상 간주했던 것이네. 그러나 이 모든 것은 다 지나간 일로 치고서 하는 말이네만, 만약 내가 자네를 제대로 이해한다면, 자네는 지금 우리의 관념이 정신과 무관하게는 존재하지 않으나, 그런 식으로 존재하는 일정한 실물의 사본이거나 심상 아니면 대리자임을 주장하고 있는 것이네.

하일라스 나를 제대로 봤네.

필로누스 그렇다면 그것은 외적 사물과 유사한 것이네.

하일라스 그렇다네.

필로누스 그러한 사물은 우리의 감각과 무관한, 안정적이고 영속적인 본성을 갖고 있는가? 아니면 우리가 우리의 능력이나 감각기관의 활동을 중지시키거나 발휘되도록 하거나 또는 변화시키거나 함으로써 우리 몸에 운동을 일으킴에 따라 부단히 변화하는 것인가?

하일라스 분명하네만, 실재적 사물은 우리의 감각이나 우리 몸의 자세나 운동상의 온갖 변화에도 불구하고 동일한 것으로 남게 되는 고정적이고 실재적인 본성을 갖고 있네. 물론 우리의 감각이나 우리 몸의 자세와 운동은 우리의 정신 속에 있는 관념에 영향을 미칠 수도 있을 테지만, 정신과 무관하게 존재하는 사물에 대해서까지 그것들이 동일한 영향력을 갖고 있다고 상정하는 것은 불합리할 것이네.

필로누스 그렇다면 우리의 관념처럼 그렇게 지속적으로 유전(流轉)하고 끊임없이 변하는 것이 어떻게 고정적이고 불변적인 것의 사본 내지 심상이 될 수 있다는 말인가? 바꾸어 말하면 크기, 형태, 색 등과 같은 모든 감각적 성질, 즉 우리의 관념은 거리상으로나 감각 인상의 수단 또는 도구상에 변화가 일어날 때마다 계속 변하는데, 일정한 물질적 대상은 어떻게 해서 몇몇 별개의 사물—이것들 각각은 서로 다르기도 하지만 여타의 것들과도 같지 않네—에 의해 알맞게 대표되고 모사될 수 있는가? 아니면 그것은 우리의 관념들 중 어느 하나하고만 유사할 뿐이라고 자네가 말할 경우의 일이네만, 어떻게 우리가 참된 사본을 모든 거짓된 것으로부터 구별해 낼 수 있다는 것인가?

하일라스 필로누스, 솔직히 말하건대, 나는 지금 궁지에 몰려 있네. 그에 대해 무슨 말을 해야 할지 모르겠네.

필로누스 그러나 이것이 전부는 아니네. 물질적 대상은 즉자적으로 어떤 것인가? 지각될 수 있는 것인가, 지각될 수 없는 것인가?

하일라스 제대로라면, 그리고 직접적으로는 관념들만 지각될 수 있을 뿐이네. 그러므로 모든 물질적 사물은 즉자적으로는 비감각적이고, 그것들의 관념을 통해서만 지각될 수 있네.

필로누스 그렇다면 관념은 감각적이고, 그것의 원형이나 실물은 비감각적이게 되네.

하일라스 맞네.

필로누스 그러나 어떻게 감각적인 것이 비감각적인 것과 유사한 것일 수 있는가? 본질적으로 **볼 수 없는** 실재적 사물이 색과 유사한 것일 수 있는가? 또 **들을 수** 없는 실재적 사물이 **소리**와 유사한 것일 수 있는가? 한마디로 말해서 감각 인상이나 관념과 유사한 것으로서 감각 인상이나 관념 이외에 또 무엇이 있을 수 있는가?

하일라스 없다고 할 수밖에 없네.

필로누스 이 문제와 관련해 어떤 의심이라도 있을 수 있는가? 자네는 자네 자신의 관념들을 완전히 인식하고 있지 않은가?

하일라스 완전히 인식하고 있네. 왜냐하면 내가 지각하지 않거나 인식하지 않는 것은 내 관념의 부분을 이룰 수가 없기 때문이네.

필로누스 그렇다면 그것들을 음미, 검토해 본 다음, 말해 보게나. 그것들 가운데 정신과 무관하게 존재할 수 있는 어떤 것이 들어 있는가? 또 자네는 그것들과 유사한 것으로서 정신과 무관하게 존재하는 어떤 것에 대해 개념을 만들 수 있는가?

하일라스 검토해 보니, 나에게 있어서 관념 이외의 어떤 것이 관념과 유사한 것일 수 있는 방식을 파악하거나 이해하는 것은 불가능하다는 생각이 드네. 그리고 아주 분명한 것은 그 **어떤 관념도 정신과 무관하게는 존재할 수 없다**는 것이네.

필로누스 그렇다면 자네는 자네의 원리들에 따라 감각적 사물들의 실재성을 부정할 수밖에 없네. 자네는 그것들이 정신 외부에 절대적 존재를 갖고 있다고 보았기 때문이네. 말하자면 자네는 골수 **회의론자**일세. 그럼 나는 나의 목표를 달성했네. 자네의 원리들이 회의론으로 통한다는 점을 드러내 보였으니 말이네.

하일라스 현재로서는 완전히 확신을 얻은 것은 아니지만 적어도 입을 열 수는 없게 됐네.

필로누스 나는 자네가 완전한 확신을 위해 무엇을 더 바라는지 알고 싶네. 가능한 모든 방향에서 자네의 견해를 개진할 수 있도록 허용되어 있지 않았는가? 대화 도중 어떤 작은 실수라도 약점으로 이용한 적이 있는가, 아니면 그것을 붙들고 늘어지기라도 했는가? 아니면 자네가 내놓았던 어떤 것을 철회하는 일이나 목적 달성에 유리하게끔 그것을 강화하는 일이 금지되기라도 했는가? 자네가 말할 수 있었던 것 전부가 더할 나위 없이 아주 공평하게 경청되고 검토되지 않았는가? 한마디로 말해서 각각의 논점에서 자네는 자네 자신의 말에서 확신을 얻지 않았는가? 그리고 만약 자네가 지금 앞서 인정했던 것들 가운데서 실수를 찾아냈다거나, 미처 둘러대지 못한 어떤 구실이나 어떤 새로운 구별, 윤색(潤色) 또는 어떤 첨언이라도 생각하고 있는 게 있다면 말이네만, 왜 그것을 밝히지 못하는가?

하일라스 좀 진정하게나, 필로누스. 나는 지금 함정에 빠져 몹시 어리둥절하다네. 말하자면 자네에게 이끌려 미로에 갇혀버린 거지. 재빨리 출구를 찾아서 나오리라고 기대하지는 말게나. 궁리도 하고 마음도 가라앉힐 시간이 좀 필요하다네.

필로누스 들어봐, 이거 학교 종소리 아냐?

하일라스 기도 시간을 알리는 종소리야.

필로누스 그럼 자네가 좋다면 안으로 들어가지. 그리고 내일 아침 여기서 다시 만나기로 하세. 그동안에 자네는 오늘 아침의 대화에 관해 자네 생각을 정리해 보고, 대화 가운데서 어떤 오류라도 찾아낼 수 있는지, 또는 자네 자신을 구출해 낼 어떤 새로운 수단이라도 발견할 수 있는지 모색해 보게나.

하일라스 알겠네.

## 두 번째 대화

하일라스 더 일찍 나오지 못해서 미안하네, 필로누스. 아침 내내 머리가 온통 어제 나눴던 우리의 대화로 가득 차 있어 시간 가는 건 고사하고 도대체 다른 것은 거들떠볼 겨를도 없었다네.

필로누스 자네가 그토록 열심히 그것에 몰두했다니 기쁘네. 혹 자네가 인정했던 것들 가운데 어떤 실수라도 있었다거나 그것들로부터 내가 도출해 냈던 귀결들 가운데 어떤 오류가 있었다면, 지금 나에게 그것들을 지적하길 바라네.

하일라스 자네에게 단언하네만, 나는 자네를 만난 이래 줄곧 실수와 오류를 찾아내는 일만 해왔는데, 그런 목적 아래 어제 대화의 전 과정도 면밀하게 검토해 봤다네. 그러나 헛수고였네. 왜냐하면 내가 그 대화를 통해 이르게 되었던 견해들은 재검토에서 오히려 더 명료하고 분명하게 드러났기 때문이네. 또 그것들은 고찰하면 할수록 더욱더 동의를 하지 않고는 배길 수 없게 만들었다네.

필로누스 그래, 자네는 어떻게 생각하는가? 그것은 그것들이 진짜라는 표지요, 그 원천이 자연이라는 표지요, 바른 이성과 일치하는 것들이라는 표지가 아닐까? 진리와 아름다움은 이런 점에서 같네. 즉 아주 엄밀한 검사가 그 둘에게는 유리하다는 점에서 말이네. 이에 반해 착오와 허구의 거짓된 광채는 검증이나 아주 정밀한 조사를 견뎌낼 수가 없네.

하일라스 내 인정하는 바이지만, 자네가 하는 말 가운데에는 맞는 게 많네. 또한 그 어느 누구도 저 기이한 귀결들의 진리성에 대해 나보다 더 완전하게 확신할 수는 없네. 그것들에 이르기까지 진행된 추론들을 내가 주의하고 있는 한에 있어서 말이네. 그러나 다른 한편, 내가 그것들을 더 이상 머리에 떠올리지 않게 되면, 사물들에 대한 보다 더 새로운 설명 방식에는, 고백하거니와, 내가 그것을 완전히 거절할 수 없을 정도로 만족스럽고 자연스럽고 이해할 수 있는 어떤 것이 있는 것같이 보이네.

필로누스 나는 자네가 어떤 설명 방식을 염두에 두고 있는지 모르겠네.

하일라스 내가 염두에 두고 있는 것은 우리의 감각 인상들과 관념들에 관해 그 전말을 밝히는 방식이네.

필로누스 어떻게 하는 건데?

하일라스 상정되는 바에 따르면, 영혼은 뇌의 일정한 부분에 그 거처를 갖고 있는데, 신경들은 그곳에서 발단해 몸의 각 부분들로 퍼져 나가네. 그리고 외적 대상들은 그것들이 감각기관들에 만들어 놓는 다양한 인상들을 매개로 신경들에 일정한 진동성 운동을 일으키네. 정기(精氣)들로 가득 찬 신경들은 이제 그 운동들을 뇌 내지 영혼의 거처에 전달하게 되는데, 영혼은 그렇게 됨으로써 뇌에 만들어진 다양한 인상들 내지 흔적들에 준해서 관념들에 의해 다양한 자극을 받게 되는 것이네.

필로누스 그래 그것을 자네는 우리가 관념들에 의해 자극받는 방식에 대한 설명이라고 부르는 거지?

하일라스 왜 아니겠나, 필로누스. 뭐 반론 펼 거리라도 있는가?

필로누스 나는 우선 내가 자네의 가정을 제대로 이해하고 있는지부터 알고 싶네. 자네는 뇌 속에 있는 일정한 흔적들을 우리의 관념들의 원인 내지 기회[또는 유인(誘因)]로 삼고 있네. 말해보게나. 자네는 뇌로 감각적 사물을 염두에 두고 있는 것인지?

하일라스 그것 말고 또 무엇을 내가 염두에 둘 수 있겠는가?

필로누스 감각적 사물들은 모두 직접적으로 지각될 수 있는 것들이네. 그리고 직접적으로 지각될 수 있는 것은 관념들이네. 또 이것들은 정신 속에만 존재하네. 내가 틀리지 않다면, 여기까지는 자네가 이미 오래전에 인정한 바 있네.

하일라스 부정하지 않겠네.

필로누스 그렇다면 자네가 언급하고 있는 뇌는 하나의 감각적 사물로서 정신 속에만 존재하네. 다음으로 나는 자네가 하나의 관념 내지 정신 속에 존재하는 하나의 사물이 다른 모든 관념들을 야기한다는 상정을 이치에 맞는다고 보는지 알고 싶네. 그리고 만약 그것이 자네 견해라면, 저 제일의 관념 내지 뇌 자체의 근원에 대해서는 어떻게 설명하겠는가?

하일라스 나는 우리의 관념들의 근원을 감각에 지각될 수 있는 뇌—이것 자체는 감각적 관념들이 합성된 것일 뿐이네—를 통해서가 아니라 내가 머릿속에 그리고 있는 다른 것을 통해 설명하네.

필로누스 그러나 머릿속에 그려지는 것들 역시 지각되는 사물들과 마찬가지로 실은 정신 속에 있지 않은가?

하일라스 그렇다고 인정하지 않을 수가 없네.

필로누스 그렇다면 결과는 마찬가지네. 자네는 관념들을 그 동안 내내 뇌 속에 있는 일정한 운동들 내지 인상들을 통해, 즉 하나의 관념—이것이 감각적인 것이냐 가공의 것이냐는 문제가 되지 않네—에 있어서의 일정한 변화들을 통해 설명해 왔네.

하일라스 나도 점점 내 가정을 의심하게 되는군.

필로누스 영적 존재자들을 제외하면, 우리가 인식하거나 표상하게 되는 것은 모두 우리들 자신의 관념들이네. 그러면 모든 관념들은 뇌 속에 있는 인상들에 의해 야기된다고 자네가 말할 때, 자네는 그 뇌를 표상하는 것인가 아닌가? 만약 표상한다면, 자네는 하나의 관념 속에 새겨진 채 동일한 관념의 원인이 되는 관념들을 언급하는 것이 되는데, 이것은 불합리하네. 만약 자네가 그것을 표상하지 않는다면, 자네는 이치에 맞는 가정을 세우는 대신 영문을 알 수 없는 말을 하는 것이 되네.

하일라스 이제 분명히 알겠네. 그것이 한낱 꿈이었다는 것을. 거기에는 참된 요소가 하나도 없네.

필로누스 너무 염려할 필요 없네. 왜냐하면 결국 자네의 표현대로 사물들에 대한 그런 설명 방식은 결코 사리를 아는 그 어떤 인간도 만족시킬 수 없을 것이기 때문이네. 도대체 신경들에 있어서의 운동과 정신 속에 있는 소리나 색에 대한 감각 인상들 간에 어떤 연관성이 있겠는가? 또 후자가 어떻게 전자의 결과일 수 있겠는가?

하일라스 그러나 나는 이제야 그렇게 보이네만, 그것이 그렇게 부실한 것이리라고는 생각지도 못했다네.

필로누스 그럼 이제 자네는 감각적 사물은 그 어떤 것이든 실재적 존재를 갖지 않는다는 것과 자네는 실로 골수 회의론자라는 점을 마침내 확신하게 되었는가?

하일라스 그것은 너무도 명백하기에 부정할 수가 없네.

필로누스 어떤가, 들판이 탄성을 자아내기에 족한 신록으로 뒤덮여 있지 않은가? 숲과 원림(園林)에서, 강과 맑은 샘물에서 영혼을 달래주는, 영혼을 기쁘게 해주는, 영혼을 고양시키는 무엇이 느껴지지 않는가? 넓고 깊은 대양이나, 정상이 구름 속으로 사라져버리는 거대한 산이나, 어둑어둑한 오래된 숲을 바라볼라치면, 우리의 정신이 기분 좋은 전율로 가득 채워지지 않는가? 심지어 바위와 사막의 황량함조차 호감을 주지 않는가? 지상의 자연적 아름다움들을 관찰하는 것이 주는 즐거움이라니, 얼마나 무구(無垢)한가! 그것들에 대한 우리의 풍미(風味)를 유지하고 새롭게 하기 위해 번갈아가며 밤의 너울이 그녀, 지상의 얼굴에서 벗겨지고, 그녀는 계절과 더불어 옷을 갈아입지 않는가? 그 원소들은 얼마나 조직적으로 배열되어 있는가! 자연의 아주 보잘것없는 작품들에는 어떤 다양성과 합목적성이 배어 있는가? 동물과 식물들에는 어떤 섬세함과 어떤 아름다움과 어떤 솜씨가 깃들어 있는가? 만물은 그것들 특유의 목적들과 자신들이 그 부분들로서 균형을 유지하고 있는 전체에 대해 얼마나 절묘하게 잘 어울리는가! 그리고 그것들은 서로 돕고 후원하는 한편, 서로 대조를 이루기도 하고 번갈아가며 비추기도 하지 않는가? 이제 자네 생각의 차원을 이 지구에서 높이 떠 있는 창공을 수놓고 있는 저 장려한 천체들로 끌어올리게나. 행성들의 운동과 상태는 그 합목적성과 질서에 있어서 경탄할 만하지 않은가? 저들 (**불규칙적인** 별들이라 잘못 불렸던) 천체들에 대해서는 마치 그것들이 길도 나 있지 않은 허공 속에서 여행을 반복하는 가운데 궤도를 벗어나기라도 하는 것처럼 알려졌던 적이 있지? 그것들은 각기 자신의 회전주기와 늘 비례하는, 태양을 중심으로 한 면적의 척도가 되지 않는가? 그것들이 고정되어 있으면 있을수록 보이지 않는 자연의 창조주가 천지 만물을 움직이는 법칙들은 불변적이네. 항성들의 광채는 얼마나 선명하고 찬연한가! 담청색의 온 창공에 그것들을 흩뿌린 것같이 보이는 저 조심성 없는 사치는 얼마나 장엄하고 화려한가! 그럼에도 불구하고 만약 자네가 망원경을 손에 든다면, 그것은 자네의 시야에 육안으로는 보이지 않는 새로운 한 떼의 별들을 펼쳐 보여준다네. 그냥 보면 그것들은 가까이 붙어 있는 것 같고 아주 작은 것같이 보이나, 좀 더 가까이 들여다 보면 상호 간의 거리가 다양한, 무한한 공간에 자리 잡고 있는, 빛을 내는, 어마어마하게 큰 구체들임을 알 수 있네. 한편 자네는 상상력의 도움을 받지 않으면 안 되네. 빈약하고 제한적인 감각들은 중앙의 발광체들을 중심으로 회전하는 무수히 많은 세계들을 찾아낼 수도 없지만, 그 세계들 가운데 들어 있는 무한히 많은 형식들로 나타나는 완전무결한 정신의 영향력을 찾아낼 수도 없네. 그러나 감각도 상상력도 번쩍번쩍 빛나는 가구(家具)들로 그득한 그 무한한 넓이를 파악하기에는 역부족이네. 욕구하는 정신이 힘을 제아무리 최대한 발휘한다 하더라도 측량하기 어려운 것이 파악되지 않은 채 늘 여분으로 남기 마련이네. 하지만 이 거대한 구조물을 이루고 있는 광대한 모든 물체들은 아무리 멀리 떨어져 있다 해도 비밀스런 기계장치와 신적인 기술과 힘에 의해 상호 의존과 상호 교섭 속에 연결되어 있는데, 심지어 내 생각들에서 벗어나 세계들의 무리 속에서 상실되다시피 한 이 지구와도 그러하다네. 세계의 전 체계는 형언할 수 없을 정도로, 그리고 측량할 수 없을 정도로 광대하고 아름답고 장엄하지 않은가! 그럴진대 이들 장대하고 매력적인 광경들에서 실재성을 모조리 박탈해 버리려는 철학자들이 어떤 대접을 받겠는가? 우리로 하여금 피조물의 가시적 아름다움 전부를 거짓된 가상의 현란함에 불과한 것으로 간주하게끔 만드는 원리들이 어떻게 유지될 수 있겠는가? 솔직히 말해서 자네는 이러한 자네의 회의론이 분별력 있는 모든 사람들에 의해 터무니없이 불합리한 것으로 간주되지 않으리라고 믿는가?

하일라스 다른 사람들이야 자기네 마음대로 생각하겠지. 그러나 자네만 놓고 본다면 자네는 나를 나무랄 수가 없네. 나의 위안은 자네 역시 나와 같은 정도의 **회의론자**라는 것이네.

필로누스 미안하네만 하일라스, 나는 그 점에서 자네와 의견이 다르네.

하일라스 아니, 여태까지 전제들에 동의하지 않았는가? 그런데 이제 와서 결론을 부정해, 자네가 나로 하여금 빠져들게 했던 역설들을 옹호하는 일을 나에게만 떠넘길 참인가? 그것은 확실히 공정한 처사가 아니네.

필로누스 나는 내가 회의론에 봉착하게 되는 견해들을 놓고서 자네에게 동의했다는 것을 부정하네. 물론 자네는 감각적 사물들의 실재성은 영적 존재자들의 정신 외부에 있는, 그리고 그것들의 지각됨과는 구별되는 **절대적 존재**(absolute existence) 속에 들어 있다고 주장했네. 그리고 실재성에 대한 그러한 입장에 따르면, 자네는 감각적 사물들에 대해서 모든 실재적 존재를 부정할 수밖에 없네. 바꾸어 말해서 자네 자신의 정의에 따르면, 자네는 자신이 **회의론자**임을 고백하게 되네. 그러나 나는 감각적 사물들의 실재성이 그런 식으로 정의되어야 한다고 말하지도 않았고, 또 그렇게 생각하지도 않았네. 자네도 동의하는 이유들 때문에 나에게 있어서는 감각적 사물들이 정신이나 영적 존재자 속에 말고는 달리 존재할 수 없다는 것이 분명하네. 그리하여 나는 결론을, 그것들은 아무런 실재적 존재도 갖고 있지 않다고 내리는 게 아니라, 그것들은 나의 생각에 의존하지 않는다는 점과 나에게 지각되는 것과는 다른 존재를 갖는다는 점을 고려해 이렇게 내리네. **그것들이 그 속에 존재하게 되는 어떤 다른 정신이 있지 않으면 안 된다**고 말이네. 요컨대 감각적 세계가 실로 존재하는 것이 확실한 만큼, 그것을 자신 속에 담고서 그것을 유지시키는, 무한한, 없는 곳이 없는[또는 편재(遍在)하는] 영적 존재자가 존재하는 것 역시 확실하네.

하일라스 아니, 그것은 나와 모든 그리스도교도들이 주장하는 것에 불과하지 않은가. 그뿐인가. 신이 있다고 믿으며, 그는 만물을 알고 있으며 파악하고 있다고 믿는 다른 모든 이들도 그런 주장을 펴네.

필로누스 그건 그렇네만, 차이점은 이러하네. 사람들은 보통 신은 만물을 알고 있으며 만물은 신에 의해 지각된다고 믿고 있네. 신의 존재성을 그들이 믿기 때문이네. 그러나 나는 거꾸로 신의 존재성을 직접적이며 필연적으로 결론 내리네. 모든 감각적 사물이 그에 의해 지각되지 않으면 안 되기 때문이네.

하일라스 그러나 우리 모두가 동일한 것을 믿고 있는 한, 어떻게 그런 믿음에 도달하게 됐건 그게 무슨 상관인가?

필로누스 그러나 우리가 같은 견해를 갖고 있는 것도 아니네. 왜냐하면 철학자들은 유형(有形)의 모든 존재자들이 신에 의해 지각된다는 것은 인정하면서도 그것들에게 그것들이 어떤 한 정신에 의해 지각된다는 것과는 구별되는 절대적 존재를 귀속시키는데, 나는 그렇지 않기 때문이네. 뿐만 아니라 "**신은 존재한다. 그러므로 그는 만물을 지각한다**"고 말하는 것과, "**감각적 사물들은 실로 존재한다. 그리고 그것들이 실로 존재한다면, 그것들은 필연적으로 무한한 정신에 의해 지각된다. 그러므로 무한한 정신 내지 신은 존재한다**"고 말하는 것 간에는 아무런 차이도 없는 것인가? 이것은 자네에게 **신의 존재성**에 대한, 아주 명백한 원리로부터 출발하는 직접적이고 무매개적인 논증을 제시하네. 신학자들과 철학자들은 피조물의 여러 부분들의 아름다움과 합목적성에서 출발해 그것이 신의 작품임을 논쟁의 여지없이 증명한 바 있네. 그러나 천문학과 자연 철학의 모든 조력(助力), 사물들의 계획성과 질서와 조직에 대한 모든 관찰은 제쳐두고서 하는 말이네만, 무한한 정신이 감각적 세계의 한낱 존재로부터 필연적으로 추론된다는 것은 다음과 같이 평이하게 반성을 해본 사람들에게만 유리하네. 즉 "감각적 세계는 우리가 우리의 개별적 감각을 통해 지각하게 되는 것이요, 관념들 외에는 감각을 통해 지각되는 것이 없다. 그리고 그 어떤 관념이나 그 어떤 관념의 원형이나 간에 정신 속에 말고는 달리 존재할 수 없다"고 말이네. 이제 자네는 학적 논구에 힘을 쏟지 않고서도, 이성을 교묘하게 구사하거나 지루할 정도로 길게 논의하지 않고서도, 무신론을 아주 열렬히 옹호하는 사람에 대항해 그를 무너뜨릴 수도 있네. 저 옹색하게 꾸며대는 말들—사고 활동을 할 수 없는 원인과 결과들의 영원한 연속이 상정되건 원자들의 우연한 군집(群集)이 상정되건 간에 말이네,—바니니와 홉스와 스피노자의 저 거친 상상력들, 한마디로 말해서 무신론의 전 체계, 그것은 "가시적 세계의 전체나 그 일부분, 심지어 가장 졸렬하고 가장 볼품없는 부분조차 정신과 무관하게 존재할 수 있다"는 상정 속에 포함되어 있는 모순에 대한 단 한 번의 반성을 통해 완전히 무너지지 않는가? 저들 무신앙의 선동자들 중 아무나 한 사람으로 하여금 자기 자신의 사상을 들여다보게 한 다음, 바위, 사막, 원자들의 혼돈 또는 무질서 같은 것이, 감각적인 것이건 가공의 것이건 간에 아무튼 어떤 무엇이 어떻게 정신과 무관하게 존재할 수 있는지를 그가 파악할 수 있는지 한번 시도해 보도록 하게나. 그로 하여금 자신의 어리석음에 대해 확신을 얻게 하는 데에는 그것이면 충분할 거네. 논쟁을 그렇게 매듭짓는 것보다, 어떤 한 사람이 실로 참된 것으로 간주하는 것이 무엇인가를 비록 사고(思考)상으로일망정 그가 파악할 수 있는지 시험하는 일을 그 자신에게 일임하는 것보다, 관념상으로 현전해 있는 것에 실재적 존재를 인정하는 것보다 더 공정한 것이 있을 수 있는가?

하일라스 자네가 피력한 것 가운데 종교에 유익한 것이 많이 들어 있다는 것은 부정할 수 없네. 그러나 자네는 그것이 몇몇 저명한 신(新)사상가들이 품고 있는, **우리는 만물을 신 안에서 본다**[9]는 견해와 아주 닮았다고 생각하지 않는가?

필로누스 그런 견해가 있다면 기꺼이 알고 싶네. 설명 좀 해주게나.

하일라스 그들이 표상하고 있는 바에 따르면, 영혼은 비물질적인 것으로서 물질적 사물들과 결합될 수가 없어 그것들을 즉자적으로 지각하나 신의 실체와 결합되어 있음으로써 그것들을 지각하는 것이요, 따라서 신의 실체는 영적인 것으로서 순수하게 지적으로 인식될 수 있거나 영적 존재자의 사고의 직접적 대상이 될 수 있다는 것이네. 뿐만 아니라 신의 본질은 각 피조물에 대응하는 완전성들을 자신 속에 포함하고 있는데, 그렇기 때문에 피조물들은 그러한 완전성들을 정신 앞에 전시하거나 그려내는 데에 제격이네.

필로누스 나는 철저하게 수동적이요 불활성적(不活性的)인 우리의 관념들이 어떻게 신—이는 비수동적

9) 말브랑슈(Nicolas Malebranche, 1638~1715)에 의하면, 우리는 모든 것을 신 안에서 본다(《진리 탐구》 III, ii, 6쪽).

이고 불가분적이고 순전히 능동적인 존재자이네 ─ 의 본질, 또는 신의 본질 내지 실체의 일부분(또는 일부분과 유사한 것)이 될 수 있는지 이해할 수가 없네. 이 가정은 얼핏 보기에 훨씬 더 많은 난점들과 반론들에 노출되어 있으나, 나는 그것이 피조물의 세계를 영적 존재자의 정신 이외의 다른 곳에 존재하도록 하는 데 있어서 여느 가정들이 맞닥뜨리게 되는 것과 같은 갖가지 불합리들을 면할 수 없다는 점만 덧붙이겠네. 이 모든 것 외에도 그것은 그것 고유의 특색을 갖고 있는데, 물질적 세계는 그 어떤 목적에도 이바지하는 바가 없다고 하는 것이 그것이네. 그리고 다른 과학적 가정들에 있어서, 자연이나 신적 지혜를 어떻게든지 무익한 것으로 만들거나 또는 지루한 우회적인 방법을 통해 그렇게 하는 것 ─ 이것은 훨씬 더 수월하고 간명한 방식으로 수행될 수도 있을 것이네 ─ 이 그것들에 대한 좋은 반론 거리가 된다고 할진대, 우리는 전 세계를 무익하게 만들어진 것으로 전제하는 저런 가정들에 대해 어떤 입장을 취해야 하겠는가?

하일라스 무슨 말을 하는 건가. 자네 역시 우리가 만물을 신 안에서 본다는 입장 아닌가? 내가 틀리지 않다면, 자네 견해는 그것과 흡사하네.

필로누스 {생각하는 사람은 별로 없지만, 주장은 만인이 다 갖고 있네. 따라서 사람들의 주장이란 천박하고 혼란한 것이네. 즉자적으로는 아주 상이한 명제들임에도 불구하고 그것들이 주의 깊게 고려하지 않는 사람들에 의해 서로 뒤섞이는 것은 하나도 이상할 것이 없네. 그러므로 일부 사람들이, 실은 내가 말브랑슈의 광신(狂信)과 먼 거리를 유지하고 있음에도 불구하고, 내가 그것에 빠졌다고 상상한다 하더라도 놀랄 일이 아니네. 그는 최고로 추상적인 보편적 관념들에 근거를 두고 있네만, 나는 그것들을 전적으로 배척하네. 그는 절대적인 외부 세계를 인정하나, 나는 그것을 부정하네. 그는 우리가 우리의 감각에 속임을 당하며 연장을 가진 존재자들의 실재적 본성들 내지 참된 형상들과 양태들을 알지 못한다고 주장하나, 이 모든 것에 대해 나는 그와 정반대의 입장을 취하네. 전체적으로 보면 그의 것과 나의 것만큼이나 근본적으로 상반되는 원리들도 없네. 인정되지 않으면 안 되네만,}[10] 나는 성경이 말하는 것, **우리는 신 안에서 숨 쉬고 움직이며 살아간다**[11]는 것에 전적으로 동의하네. 그러나 우리가 사물들을 그의 본질 안에서 위에서 기술된 방식대로 본다고 믿는 것은 나와 상관이 없네. 요컨대 내 견해는 이러하네. 분명코 내가 지각하는 것은 나 자신의 관념들이며, 관념은 그 어떤 것이든 정신 이외의 곳에는 존재할 수가 없네. 또 그 못지않게 명료한 거지만, 이들 관념들 내지 나에게 지각된 것들은 그것들 자체건 그것들의 원형들이건 간에 나의 정신과는 무관하게 존재하네. 나는 내 자신이 그것들의 작자[作者, 또는 원조(元祖)]가 아님을 알고 있기 때문이네. 내 눈과 귀를 열어놓음에 있어 어떤 특수한 관념들을 내 속에서 일어나게 할 것인가를 마음대로 규정하는 것은 나의 능력 밖의 일이기 때문이네. 그러므로 그것들은 그 의지에 따라 그것들이 나에게 노출되는

---

10) 괄호 안의 부분은 제3판에 추가된 첨언이다.

11) 〈사도행전〉, 17장 28절 말씀.

바, 어떤 다른 정신 속에 존재하지 않으면 안 되네. 직접적으로 지각되는 것들은 관념들 내지 감각 인상들—자네 식으로 부른다면 말일세—이네. 그러나 관념이나 감각 인상이 정신이나 영적 존재자 이외의 다른 것 속에 어떻게 존재할 수 있겠는가? 또 그런 것에 의해 어떻게 산출될 수 있겠는가? 이것은 사실 생각될 수 없는 것이네. 그리고 생각될 수 없는 것을 주장한다는 것은 헛소리를 한다는 것이네. 그렇지 않은가?

하일라스 여부가 있겠는가.

필로누스 그러나 다른 한편, 그것들이 영적 존재자 속에 존재하고 영적 존재자에 의해 산출된다는 것은 아주 쉽게 생각될 수 있네. 왜냐하면 그것은 내가 매일같이 내 속에서 경험하는 것 이외의 아무것도 아니기 때문이네. 내가 수없이 많은 관념들을 지각하고, 나의 의지의 활동을 통해 그것들을 아주 다양하게 형성할 수 있고, 또 나의 상상력 속에 그것들을 떠올릴 수 있는 한에 있어서 말이네. 물론 이들 공상의 산물들은, 이 점은 인정되어야 하네만, 나의 감각을 통해 지각되는 것들만큼이나 그렇게 썩 또렷하고 강하고 생기 있고 지속적이지는 않네. 후자는 **실재적인 사물들**이라 불리는 것들이네. 이 모든 것으로부터 나는 이렇게 결론 내리네. **내가 지각하는 감각적 인상들을 내 속에서 매 순간 산출하는 정신이 있다**고 말이네. 그리고 그것들의 다양성과 질서와 성질로부터 이렇게 결론 내리네. 그것들을 지은이는 **헤아릴 수 없을 정도로 지혜롭고 강력하고 선하다고** 말이네. 주의하게나. 내가 주장하는 것은 신의 지적 실체 속에서 사물들을 대표하는 것을 지각함으로써 내가 그것들을 본다는 것이 아니네. 나는 그렇게 이해하지 않네. 내가 주장하는 것은, 나에게 지각되는 사물들은 무한한 영적 존재자의 오성에 의해 인식되고 그 의지에 의해 산출된다는 것이네. 그리고 이 모든 것은 아주 명백하고 분명하지 않은가? 어쨌든 그 속에는 우리가 우리들 각자의 정신과 그 속에서 일어나는 것의 단순한 관찰을 통해 표상할 수 있을 뿐 아니라, 어쩔 수 없이 인정할 수밖에 없는 그런 것만 들어 있지 않은가?

하일라스 나는 내가 자네를 이제 아주 분명하게 이해하고 있다고 믿거니와, 고백하네만, 자네가 내놓은 바와 같은 신성에 대한 증명은 놀랍기도 하지만 그와 똑같은 정도로 분명한 것 같네. 그러나 신이 만물의 최상의 원인이자 보편적인 원인임을 인정한다고 할지라도, 영적 존재자들과 관념들 이외의 제3의 자연은 존재할 수 없는 것인가? 우리는 우리의 관념들의 원인으로서 하위의 것이자 제한적인 성질의 것을 허용할 수 없는 것인가? 한마디로 말해서, 그래도 물질이 존재할 수 없는 것인가?

필로누스 똑같은 말을 몇 번씩이나 해야 알겠는가? 자네가 시인하다시피 감각을 통해 직접적으로 지각되는 사물들은 정신과 무관하게는 그 어디에도 존재하지 않네. 그러나 감각을 통해 지각되는 것들 치고 직접적으로 지각되지 않는 것은 아무것도 없네. 때문에 감각적인 것 치고 정신과 무관하게 존재하는 것은 아무것도 없네. 그러므로 자네가 아직도 주장하는 물질이란 짐작컨대 가지적(可知的)인 무엇이네. 감각을 통해서가 아니라 이성을 통해 인식될 수 있는 무엇 말이네.

하일라스 자네 말이 맞네.

필로누스 그래도 말해보게나. 물질에 대한 자네 믿음의 근거는 무엇이며, 자네가 현재 물질로 염두에 두고 있는 것은 무엇인가?

하일라스 나는 내 자신이 여러 관념들에 사로잡혀 있다고 보는데, 내가 알고 있는 바에 의하면, 나는 그것들의 원인이 아니네. 그것들 역시 그것들 자신의 원인이나 [자신 이외의] 다른 것의 원인이 아니네. 또한 그것들은 독자적으로 존립할 수도 없네. 완전히 비(非)능동적이고 흐름 가운데 있는 의존적 존재자들이기 때문이네. 따라서 그것들은 나를 비롯해 그것들 자신과 구별되는 어떤 원인을 갖네. 그것에 대해 나는 그것이 **내 관념들의 원인**이라는 것만 알고 있다고 주장하는 바네. 그리고 나는 그것을 그것이 무엇이든지 간에 물질이라고 부르네.

필로누스 말해보게나, 하일라스. 사람들마다 어떤 한 언어의 평범한 한 낱말과 결합되어 있는, 통용되는 본연적인 의미를 변화시킬 자유를 가져도 되는가? 예를 들어 한 여행자가 자네에게 어떤 나라에서는 사람들이 다치지 않고 불 속을 통과하더라고 얘기했다고 하세. 그런데 그가 보다 자세히 설명하는 것을 보니 불이라는 말로 그가 의미하는 것은 바로 다른 사람들이 물이라 부르는 것이었음을 자네가 깨닫게 되었다고 하세. 아니면 그가 두 다리로 걷는 나무들이 있다고 확언했는데, **나무들**이라는 말로 그가 의미하는 것은 사람들이었다고 하세. 자네는 이것을 이성적인 것으로 간주하겠는가?

하일라스 아니네. 나는 그것을 아주 불합리한 것으로 간주할 것이네. 일반적 습관은 언어에 있어서 맞고 안 맞음의 기준이 되는 것이네. 그런데 누가 고의적으로 부적당하게 말을 한다면, 그는 언어의 관용법을 그르치고 있는 것이요, 결국은 논쟁을 오래 끌게 하고 증폭시키는 데에만 일조할 뿐이네. 원래 견해상으로는 차이가 전혀 없는 경우인데도 불구하고 말이네.

필로누스 그리고 **물질**은 그 낱말이 일상적으로 통용되는 의미에서는 연장을 갖고 있는, 고체의, 움직일 수 있는, 사고 활동을 할 수 없는, 비능동적인 실체를 지시하는 게 아닌가?

하일라스 그래.

필로누스 그렇다면 그러한 실체가 더는 존재할 수 없다는 것이 명백해지지 않았는가? 그리고 설사 그런 것이 존재한다고 하더라도, **비능동적인** 것이 어떻게 **원인**일 수 있으며, **사고 활동을 할 수 없는** 것이 어떻게 **사고의 원인**일 수 있겠는가? 물론 자네는 원한다면 통상적으로 받아들여지는 것과 반대되는 의미를 물질이라는 말에 갖다 붙일 수 있으며, 그것으로 자네는 우리의 관념들의 원인이 되는, 연장을 갖지 않는, 사고 활동을 할 수 있는, 능동적인 존재자를 염두에 두고 있노라고 나에게 말할 수 있네. 그러나 그것은 말장난이나 하고 자네가 방금 그토록 많은 논거를 제시해 가며 비난한 것과 똑같은 실수를 저지르는 것 이외의 무엇이겠는가? 나는 자네가 현상들로부터 원인을 추정함에 있어서 자네의 추론과 관련해 실수를 찾아내지는 못했네. 그러니 나는 이성의 지원 아래 연역될 수 있는 문제의 원인이 물질이라는 이름으로 알맞게 불릴 수 있다는 것은 부정하네.

하일라스 자네의 얘기는 사실 일리가 있네. 그러나 내가 염두에 두고 있는 것을 자네가 완전히 이해하지 못하는 게 아닌가 염려되네. 나는 결코 내가 마치 신 내지 무한한 영적 존재자가 만물의 최상의 원인임을 부정하기라도 하는 것 같은 혐의를 받고 싶지는 않네. 내가 주장하는 것은 다만, 최상의 동인(動因)에 종속적인 제한적이고 낮은 부류의 원인, 즉 우리의 관념들이 만들어질 때, 의지 작용이나 영적 능력을 통해서가 아니라, 물질 특유의 활동 방식을 통해, 즉 운동을 통해 동시에 작용하는 그런 원인이 존재한다는 것뿐이네.

필로누스 내가 보기에 자네는 기회가 닿을 때마다 움직일 수 있는, 따라서 연장을 갖고 있는, 정신과 무관하게 존재하는 실체에 대한 자네의 이미 논파된 바 있는 이전의 견해로 되돌아가곤 하네. 그래 자네는 자네가 확신을 얻었다는 것을 벌써 잊었는가? 아니면 그 문제와 관련해 얘기되었던 바를 내가 자네에게 되풀이해 말해주길 원하는 건가? 정말이지 그건 공정한 처사가 아니네. 그것의 비(非)존재성을 자네가 그토록 자주 시인했던 그런 것의 존재성을 여전히 전제하는 것 말이네. 하지만 그토록 자세히 논의된 것을 장황하게 늘어놓지 않기 위해 묻겠네만, 자네의 관념들이라고 해서 모두가 다 완전히 수동적이며 불활성적인 것이 아니요, 자신들 속에 활동을 전혀 내포하지 않는 게 아닌지?

하일라스 물론이네.

필로누스 그러면 감각적 성질들은 관념들과 다른 어떤 것인가?

하일라스 그렇지 않다고 내가 몇 번씩이나 설명했을 텐데?

필로누스 하지만 운동은 감각적 성질이 아니지 않나?

하일라스 그래.

필로누스 그러므로 그것은 활동이 아니네.

하일라스 자네에게 동의하네. 아닌 게 아니라 내가 내 손가락을 움직일 때, 그것이 수동적인 상태에 있다는 것은 아주 분명하네. 그러나 문제의 운동을 일으키는 나의 의지는 능동적이네.

필로누스 운동은 활동이 아님을 인정하니까 하는 말이네만 첫째로, 자네가 의욕하는 것 이외의 다른 활동을 상상할 수 있는지 알고 싶네. 둘째로, 무엇을 주장하긴 하나 그로써 표상할 수 있는 것이 아무것도 없다면 헛소리를 지껄이는 것은 아닌지 알고 싶네. 그리고 끝으로 전제들에 비추어

볼 때 우리의 관념들의 원인으로서 **영적 존재자** 이외의 다른 유력한 혹은 능동적인 어떤 것을 상정하는 것을 자네는 아주 불합리하고 비이성적인 것으로 받아들이는 것은 아닌지 알고 싶네.

하일라스 문제의 견해를 완전히 포기하겠네. 그러나 비록 물질이 원인은 아니라 할지라도, 그것이 우리의 관념들의 산출에 있어 최상의 작용자에게 도움이 되는 도구가 되지 말라는 법은 없지 않은가?

필로누스 자네는 도구를 말하는군. 그러면 그 도구의 형태, 용수철, 바퀴, 그리고 운동들은 무엇이 될까?

하일라스 주제넘게 단정 짓거나 하지는 않겠네. 실체도 그것의 성질들도 나에게는 철저히 알려져 있지 않기 때문이네.

필로누스 아니, 그러면 자네는 그것이 알려지지 않은 부분들로 이루어져 있다고, 그것은 알려지지 않은 운동들과 알려지지 않은 외양을 갖고 있다고 생각하는가?

하일라스 나는 그것이 도대체 형태나 운동을 갖고 있다고 생각하지 않네. 내가 이미 확신하고 있는 바에 따르면, 감각적 성질들은 그 어떤 것이든 지각 활동을 하지 못하는 실체 속에 존재할 수 없기 때문이네.

필로누스 그러나 감각적 성질들을 전혀 갖고 있지 않는, 심지어 연장조차 갖고 있지 않는 도구에 대해 과연 어떤 유의 개념을 형성할 수 있을까?

하일라스 나는 그것에 대해 어떤 개념인가를 갖고 있노라고 주장하는 것이 아니네.

필로누스 그러면 자네는 그 알려지지 않은, 인간의 지적 능력으로는 포착할 수 없는 어떤 무엇이 존재한다는 가정에 대해 어떤 근거를 갖고 있는가? 신은 그것이 없으면 마찬가지 정도로 일을 잘할 수 없다고 생각하기 때문인가? 아니면 자네 자신의 정신 속에서 관념들을 형성할 때, 경험을 통해 그런 어떤 것의 용도라도 발견했기 때문인가?

하일라스 자네는 늘 나의 믿음에 대한 근거들을 가지고 나를 성가시게 하곤 하네. 그런 자네는 그것을 믿지 않는 데 대해 어떤 근거들을 가지고 있는가?

필로누스 나에게 있어서 어떤 것의 존재를 믿지 않는 데 대한 충분한 근거는 그것을 믿을 만한 근거를 도대체 발견하지 못한다는 것이네. 그러나 내가 믿음에 대한 근거들을 고집하지 않는다 하더라도, 나는 내가 믿어야 할 것이 도대체 무엇인가를 자네로부터 결코 들을 수가 없을 것이네. 자네 말마따나 자네는 그것에 대해 아무런 개념도 갖고 있지 않기 때문이네. 결론적으로 부탁하네만, 무엇인지, 그리고 왜 그런지 믿고 있는 바가 없으며 알고 있지도 않다고 주장하는 것이 철학자에게나 어울리는 것인지 아니면 상식 있는 사람에게도 어울리는 것인지 검토해 보게나.

하일라스 잠깐, 필로누스. 내가 자네에게 물질은 **도구**라고 말할 때, 그 의미는 내가 그로써 아무것도 염두에 두고 있지 않다는 것이 아니네. 내가 특수한 종류의 도구를 알고 있는 것이 아니라는 것은 시인하네. 그러나 아무튼 나는 **도구 일반**의 개념은 가지고 있거니와, 이것을 나는 그것에 적용하네.

필로누스 그러나 아무리 **원인**과 구별되는 의미의 **도구**의 가장 보편적인 개념이라 하더라도 그 속에 그것의 용도로 하여금 신의 속성들과 모순되게 만드는 어떤 것이 들어 있음이 입증된다면, 어떻게 하겠는가?

하일라스 그것을 나에게 내보이게나. 그러면 그 견해를 포기하겠네.

필로누스 도구의 보편적 본성 또는 개념으로 자네는 무엇을 염두에 두고 있는가?

하일라스 모든 특수한 도구들에 공통적인 것이 문제의 보편적 개념을 형성하네.

필로누스 우리의 의지의 단순한 작용을 통해 수행될 수 없는 것들을 완수하는 데에만 적용된다는 것이 모든 도구들에 공통적인 것이 아닌가? 그래서 나는 일례로 내 손가락을 움직이는 데 결코 도구를 사용하지 않네. 그 일은 의지 작용을 통해 행해지기 때문이네. 그러나 바위 덩어리를 옮겨놓거나 나무를 뿌리째 뽑아낼 때에는 도구를 사용할 것이네. 자네도 같은 생각인가? 아니면 해당 작용자의 의지에 직접적으로 의존하는 어떤 한 결과가 산출됨에 있어 도구가 사용되는 어떤 한 실례라도 들 수 있는가?

하일라스 물론 그럴 수는 없네.

필로누스 그러면 자네는 어떻게, 그것의 의지에 만물이 절대적으로, 그리고 직접적으로 의존하는 완전무결한 영적 존재자가 그의 작용들에 있어서 도구를 필요로 한다거나 또는 그것을 필요로 함이 없이 그것을 사용한다고 상정할 수 있는가? 결국 내가 보기에 자네는 생명이 없고 비능동적인 도구의 사용이 신의 무한한 완전성과 모순되는 것임을 인정할 수밖에 없을 것 같네. 바꾸어 말해서 자네는 자네 자신이 시인한 바대로 자네의 견해를 포기해야만 할 것 같네.

하일라스 뭐라고 대답해야 할지 난감하네.

필로누스 그러나 내 생각이네만, 진리가 자네에게 훌륭하게 증명된다면, 자네는 진리를 고백할 각오를 해야 하네. 실로 우리는 유익한 힘의 소유자들로서 도구를 사용할 수밖에 없네. 그리고 도구의 사용은 작용자가 다른 작용자에 의해 규정된 규칙들로 말미암아 제한되어 있음과, 그는 오직 그러한 방식으로만, 그리고 그러한 조건들 아래에서만 자신의 목적을 달성할 수 있음을 드러내 보여주네. 여기서 도출되는 분명한 결론은, 최상의 무제한적인 작용자는 연장이나 도구를 전혀 사용하지 않는 것같이 보인다는 것이네. 전능한 영적 존재자의 의지는 행사되자마자 벌써 완수되네. 수단들이 전혀 적용되지 않는데도 말이네. 수단들이 하위의 작용자들에 의해 쓰이는 경우, 그런 일이 행해지는 것은 그것들 속에 있는 어떤 실재적 효력이나 어떤 결과를 낳는 필연적 경향 때문이 아니라, 그냥 자연법칙이나 제일 원인—이것 자신은 갖가지 종류의 제한과 규정들을 초월해 있네—에 의해 규정된 조건들에 따르는 것일 뿐이네.

하일라스 물질은 도구라는 주장을 더 이상 펴지 않겠네. 그렇지만 그것의 존재까지 포기한 것처럼 이해되고 싶지는 않네. 여태까지 얘기된 것에도 불구하고 그것은 여전히 **기회**일 수 있기 때문이네.[12)]

필로누스 자네의 물질은 얼마나 많은 외양을 취해야 하는

---

12) 여기부터는 기회원인설(occasionalism)에 대한 반론이다. 그 대표자로는 휠링크스(Arnold Geulincx, 1625~1669)와 말브랑슈를 들 수 있는데, 심신 관계에 대해 그들이 상정하는 바에 따르면, 신은 신체적 과정을 우리의 정신 속에서 그에 대응하는 관념을 불러내는 '기회' 내지 '계기'로 삼는다.

가? 아니면 나는 그것이 존재하지 않음을 얼마나 자주 증명해야 하는가? 자네가 그런 견해를 포기하기로 결심하기 전까지 말이네. 그러나 이것은 제쳐놓고 (기본적인 표현의 의미를 그토록 빈번하게 바꾸는 데 대해 자네를 논쟁의 갖가지 규칙들에 따라 정당하게 비난할 수 있음에도 불구하고 말이네) 내가 내심 알고 싶은 것은 물질이 원인이라는 것을 이미 부정해 놓은 다음, 물질은 기회라고 주장함으로써 자네가 의미하는 것은 대체 무엇인가 하는 것이네. 그리고 자네가 기회를 어떤 의미로 이해하는가를 드러내 보인 다음에는, 자네로 하여금 우리의 관념들의 경우 그러한 기회가 있다고 믿게 유도한 이유가 무엇이었는지 드러내 보여주기 바라네.

하일라스 첫 번째 점에 관해서 말하겠네. **기회**로 내가 염두에 두고 있는 것은 비능동적인, 사고 활동을 할 수 없는 존재자인데, 이것이 현전할 때 신은 우리의 정신 속에 관념들을 일으키네.

필로누스 그러면 이 비능동적인, 사고 활동을 할 수 없는 존재자의 본성은 무엇일까?

하일라스 그것의 본성에 대해서는 아는 게 하나도 없네.

필로누스 그러면 두 번째 점으로 넘어가서, 왜 우리가 이 비능동적인, 사고 활동을 할 수 없는, 알려지지 않은 것에 존재를 허용해야 하는지 이유를 말해 보게나.

하일라스 만약 우리가 우리의 정신 속에서 관념들이 통례적이며 일정한 방식으로 산출되는 것을 보게 된다면, 관념들은 그것들이 현전하게 될 때 자신들을 야기하는 모종의 고정적이고 규칙적인 기회들을 갖는다고 생각하는 것은 자연스런 일이네.

필로누스 그렇다면 자네는 신만이 우리의 관념들의 원인임과 신은 저들 기회들이 현전할 때 관념들을 야기한다는 점을 인정하는 셈이네.

하일라스 그것이 바로 내 견해네.

필로누스 이신의 여지가 없거니와, 신이 지각하는 것은 자네 말마따나 자신에게 현전하는 것들이네.

하일라스 물론이네. 그렇지 않다면 그것들은 그에게 있어서 활동의 기회가 될 수 없을 것이네.

필로누스 이젠 이 가정에 대해 자네가 의미를 부여하는 것이나 그것과 관련해 제기되는 갈피를 잡을 수 없는 온갖 물음들과 난점들에 대해 자네가 대답하는 것을 고집하지 않겠네. 내가 묻는 것은 오직 우리의 관념들의 계열이나 자연의 행로에서 관찰되는 질서와 규칙성이 신의 지혜와 힘을 통해 충분히 정당화되는 것은 아닌지와, 언제 무엇을 자신이 행해야 할 것인가와 관련해 그[신]가 사고 활동을 할 수 없는 어떤 실체에 의해 영향을 받고 인도되고 상기하게 된다는 상정으로 인해 저러한 속성들이 훼손되는 것은 아닌지 하는 것뿐이네. 그리고 끝으로, 요청되는 것 전부를 내가 자네에게 인정하는 경우의 일이네만, 그런 것이 자네의 목적에 다만 얼마라도 도움이 되는 것인지 묻고 싶네. 왜냐하면 사고 활동을 할 수 없는 실체의, 그것의 지각됨과는 구별되는, 외적인 또는 절대적인 존재가, 신의 정신에 의해 지각되는, 또 그에게 있어서는 우리들 속에서 관념들이 산출되는 기회가 되는 일정한 사물들이 있다고 내가 인정하는 것으로부터 어떻게 추론될 수 있는지를 파악하기란 쉬운 일이 아니기 때문이네.

하일라스 나는 무엇이 옳다고 해야 할지 몰라 쩔쩔매고 있네. 이러한 기회 개념이 이제 와서는 여타의 것들과 마찬가지로 근거가 없는 것같이 보이기 때문이네.

필로누스 자네는 드디어 **물질**의 이러한 여러 의미들 모두에 있어서 자네가 무엇을 상정하고 있었는가를, 그것에 대해 아무런 근거도 제시할 수 없었다는 것을, 또 그것으로부터 아무런 유익도 얻지 못했다는 것을 전혀 모르고 있었음을 깨닫지 못하는가?

하일라스 솔직히 말해서 나는 나의 개념들이 그토록 면밀하게 검토된 이래로 그것들을 좀 덜 좋아했네. 그러나 생각하건대 여전히 **물질**과 같은 무엇이 있다는 혼란된 표상을 갖고 있네.

필로누스 자네는 물질의 존재성을 직접적으로 아니면 간접적으로 지각하네. 만약 직접적으로라면, 자네는 감각들 중 어떤 것을 통해 그것을 지각하는지 나에게 설명해 주기 바라네. 만약 간접적이라면, 그것이 어떤 추론 과정을 거쳐 자네가 직접적으로 지각하는 것들로부터 도출되는지 나에게 알려주게나. 여기까지는 지각에 관한 것이네. 다음으로 물질 자체에 관해서는 이렇게 묻겠네. 그것은 대상인가, 기체인가, 원인인가, 도구인가, 아니면 기회인가? 자네는 이미 이것들 각각에 대해 변론을 늘어놓은 바 있네. 자네의 개념들을 변환함으로써, 그리고 물질을 이런 모양으로 나타나게도 하고 저런 모양으로 나타나게도 함으로써 말이네. 그리고 자네가 제출한 것은 자네 자신에 의해 배척되고 기각되었네. 만약 자네가 뭔가 새롭게 내놓을 것이 있다면, 나는 그것을 기꺼이 경청하겠네.

하일라스 나는 내가 이들 물음들에 관해 할 수 있는 얘기는 이미 다 했다고 생각하네. 나는 내가 무엇을 더 주장할 수 있을지 도무지 알 수가 없네.

필로누스 그럼에도 불구하고 자네에게는 자네의 오래된 편견을 포기한다는 것이 어려운 일이네. 그러나 자네가 이 일을 보다 쉽게 할 수 있도록 만들기 위해 나는 자네가 이제까지 내가 언급한 것 말고도 이런 것을 고려해 주기 바라네. 즉 자네가 물질의 존재를 상정하는 경우의 일이네만, 자네는 혹시 그것에 의해 자네가 어떻게 영향을 받을지를 상상할 수 있는지 말이네. 아니면 그것이 존재하지 않는다고 상정하는 경우의 일이네만, 그럼에도 불구하고 자네는 자네가 지금 자극 받고 있는 것과 동일한 관념들에 의해 자극 받을 수 있으며, 따라서 자네가 지금 가질 수 있는 것과 완전히 동일한 근거들을 저것의 존재를 믿는 데 대해 가지게 되는 것이 분명하지 않은지?

하일라스 나는 비록 물질이 이 세계 안에 존재하지 않는다고 할지라도 우리가 만물을 지금과 똑같이 지각할 수 있다는 가능성을 인정하네. 그런가 하면 물질이 존재한다고 하더라도 나는 그것이 어떻게 우리의 정신 속에서 관념을 산출하는지 파악할 수가 없네. 나는 또 자네가 나에게 앞서 나온 의미들에서의 물질과 같은 어떤 것의 존재가 불가능함을 완전하게 확신시켜 주었음을 인정하네. 그러나 나는 아직도 모종의 의미에서의 물질이 존재한다는 상정을 저버릴 수가 없네. 어떤 의미에서인지는 감히 결정하지 못했지만 말이네.

필로누스 나는 자네가 그 알려지지 않은 존재자의 본성을 정확히 규정하리라고는 기대하지 않네. 내가 알고 싶은 것은 단지 그것이 실체냐 하는 것뿐이며, 만약 그렇다면, 우유성들을 갖고 있지 않은 실체를 자네는 상정할 수 있느냐는 것이네. 그러나 만약 자네가 우유성이나 성질들이 그것에 붙어 있다고 상정한다면, 그러한 성질들은 어떤 것인지, 최소한 물질이 그것들을 담지한다는 것으로써 유념되는 것이 무엇인지 나에게 말해주기 바라네.

하일라스 이러한 점들에 관해 우리는 이미 합의를 본 바 있네. 나는 그것에 더 보탤 것이 없네. 그러나 또 다른 물음들을 사전에 봉쇄하기 위해서네만, 들어두게나. 내가 현재 물질로 이해하고 있는 것은 실체도 우연성도 아니고, 사고 활동을 할 수 있는 존재자도 연장을 갖고 있는 존재자도 아니고, 원인도 도구도 기회도 아니고, 이러한 것들 모두와 구별되는 전적으로 알려져 있지 않은 어떤 것이네.

필로누스 그렇다면 자네는 현재 자네의 물질 개념 속에 **어쨌든 있는 것**(entity)이라는 보편적 추상 관념만 포함하고 있는 것같이 보이네.

하일라스 그 보편적인 관념에다가, 내가 지각하고 상상하고 어떤 방식으론가 파악하는 모든 특수한 사물들, 성질들, 관념들의 부정(否定)을 더 덧붙이기만 하면 될 뿐, 그밖에는 아무것도 포함하고 있지 않네.

필로누스 자네 상정대로라면 그래 그 알려지지 않은 물질은 어디에 존재해야 할까?

하일라스 오, 필로누스! 자네는 지금 나를 함정에 빠뜨렸다고 생각하는 모양이군. 만약 내가 그것은 어떤 한곳에 존재한다고 주장할 것 같으면, 자네는 그것이 정신 속에 존재한다고 결론지을 것이기 때문이네. 왜냐하면 장소나 연장이 정신 속에만 존재한다는 것은 합의를 본 것이기 때문이네. 그러나 나는 내 무지를 고백하는 것을 부끄러워하지 않네. 나는 그것이 어디에 존재하는지 모르겠네. 내가 확신하는 것은 단지 그것은 어느 곳에도 존재하지 않는다는 것뿐이네. 자네는 부정적인 대답을 갖게 되었네. 그리고 자네가 앞으로 물질에 관해 제기하는 모든 물음들에 대해서도 다른 대답은 기대하지 말게나.

필로누스 그것이 어디에 존재하는지를 나에게 말할 의향이 없기 때문에 하는 말인데, 자네가 보기에 그것은 어떤 식으로 존재하는지, 또 그것의 **존재**로 자네는 무엇을 의미하는지 말해주면 좋겠네.

하일라스 그것은 사고하지도 작용하지도 않고, 지각하지도 지각되지도 않네.

필로누스 그러나 그것의 존재에 대한 자네의 추상적인 개념 속에 들어 있는 긍정적인 것은 무엇인가?

하일라스 아무리 자세히 관찰해도 나는 나에게서 긍정적인 개념이나 의미를 조금도 발견할 수가 없네. 자네에게 되풀이해 말하지만, 나는 내 무지를 고백하는 것을 부끄러워하지 않네. 나는 그것의 존재로 의미되는 것이 무엇인지 모르겠으며, 그것이 어떤 식으로 존재하는지도 모르겠네.

필로누스 친애하는 하일라스여, 계속 그렇게 솔직하게 나가게나. 그리하여 자네는 사고 활동을 할 수 있는 유형의 모든 존재자들 및 온갖 종류의 개별적 사물들로부터 따로 떨어져 있으며 그러한 것들로부터 배제되어 있는, 어쨌든 있는 것 일반(entity in general)에 대한 판명한 관념을 형성할 수 있는지 숨김없이 털어놓게나.

하일라스 잠깐. 생각할 시간을 좀 주게나…. 고백하겠네, 필로누스. 나는 그렇게 할 수 없다고 보네. 얼핏 보아 나는 순수하고 추상적인, 어쨌든 있는 것에 대한 약하고 희미한 개념을 갖고 있구나 하는 생각이 들었네. 그러나 좀 더 자세히 들여다 보니 그것은 온데간데없이 시야에서 완전히 사라져버리고 말았네. 나는 그것에 대해 생각하면 할수록 부정적인 대답들만 내놓게 될 뿐, 물질에 대한, 그것의 처소, 그것의 **존재 방식**, 그것의 **어쨌든 있음**(entity) 및 그것에 속하는 모든 것에 대한 그 어떤 적극적인 인식이나 개념도 결코 나의 것이라고 하지 않겠다는 나의 신중한 결단에 더욱더 확신을 갖게 되네.

필로누스 그렇다면 자네는 물질의 존재에 대해 언급할 때 자네 정신 속에 아무런 개념도 갖고 있지 않네.

하일라스 그렇다마다.

필로누스 서슴없이 말하게나, 사정이 이렇지 않거든 말일세. 즉 맨 처음에는 물질적 실체에 대한 믿음에서부터 출발해, 자네는 직접적인 대상들이 정신과 무관하게 존재한다고 했다가, 다음에는 그것들을 원형들이라고 했다가, 그 다음에는 원인들, 그 다음에는 도구들, 또 그 다음에는 기회들, 마지막에 가서는 **어떤 것 일반**[13]이라고 했

13) 어떤 것 일반(something in general) : 칸트도 자신의 《순수 이성 비

는데, 풀어서 말하면 이것은 무(無)를 의미하는 것이네. 결국 물질은 무라는 결론이 나오네. 자네 생각은 어떤가, 하일라스? 자네가 밟아온 전 과정의 실질적 내용이 이렇지 않은가?

하일라스 좌우지간 나는 그럼에도 불구하고 아직도 주장하네. 어떤 것에 대한 우리의 파악 능력 부족이 곧 그것의 존재에 대한 반론이 되는 것은 아니라고 말이네.

필로누스 내 기꺼이 인정하겠네만, 직접적으로 지각되지 않는 사물의 존재는 원인, 결과, 과정, 기호 및 다른 정황으로부터 합리적으로 추론될 수 있거니와, 그 사물의 존재에 대한 반론을, 그것에 대한 직접적이고 적극적인 개념을 자신이 갖고 있지 않다는 것으로부터 도출하고자 하는 이가 있다면, 그것은 불합리할 것일세. 그러나 이 모든 것이 하나도 성립하지 않는 경우, 이성도 계시도 우리로 하여금 어떤 것의 존재를 믿게 만들지 못하는 경우, 그것의 관계개념조차 우리가

---

판》(A 104, 109, 250~253쪽)에서 초월적 대상, 즉 물자체를 '어떤 것 일반(Etwas überhaupt)'이라고 표현한 바 있다.

갖고 있지 않은 경우, 지각하는 것과 지각되는 것, 영적 존재자와 관념이 배제되는 경우, 끝으로 가장 불충분하고 가장 미약한 관념조차 요구되지 않는 경우, 나라면 그것으로부터 어떤 개념의 실재성이나 어떤 것의 존재에 반하는 결론을 내리지는 않겠네. 나의 결론은 대충, 자네는 도대체 아무것도 염두에 두고 있지 않다, 즉 자네는 아무런 목적도 의미도 없이 쓸데없는 말들만 늘어놓는다는 것쯤이 되겠네. 그리고 장광설에 지나지 않는 것이 어떤 식으로 다루어져야 하는가를 살피는 일은 자네에게 일임하겠네.

하일라스 솔직히 말하면, 필로누스, 자네의 논거들은 그 자체만 놓고 본다면 반박할 수가 없네. 그러나 나에 대한 그것들의 영향은 증명을 따라다니곤 하는 절대적인 확신, 마음에서부터 우러나는 동의를 불러일으킬 정도로 그렇게 크지는 않네. 나는 여전히 그것이 무엇인지도 모르면서 **물질**에 대한 모호한 추측 속으로 빠져들고 있다고 보네.

필로누스 하일라스, 자네는 그래 모든 의구심을 떨쳐버리고 정신 속에서 절대적인 동의가 나오게 하기 위해서는 두 가지 일이 일어나야 한다는 것도 깨닫지 못하는가? 가시적 대상을 아무리 밝은 빛 가운데에 내놓으면 무엇 하는가. 시각에 불완전한 점이 있거나 눈이 그 쪽으로 향해 있지 않다면, 그것은 똑똑히 보이지 않는 법이네. 그리고 논증이 제아무리 잘 정초되어 있고 적절히 제안되어 있다고 할지라도, 오성에 선입견이나 그릇된 편파성의 오점이 달라붙어 있다고 할진대, 오성이 느닷없이 그 진리를 명료하게 파악하고 확고하게 고수하는 것을 기대할 수 있을까? 그렇지 않네. 그것은 시간과 수고가 드는 일이네. 곧 동일한 사안이 때로는 동일한 조명 아래 놓이기도 하고 때로는 상이한 조명 아래 놓이기도 하는 일이 빈번히 반복됨으로써 주의가 환기되어야 하고 또 지속되어야 하네. 내가 이미 말한 바 있지만, 자네에게 한 번 더 되풀이해 설득을 구해야 한다고 보는 것은, 무엇인지도, 왜 그런지도, 그리고 무엇을 위한 것인지도 모르면서 자네가 어떤 것을 주제넘게 고집한다면, 자네는 무책임하게 제멋대로 행동하는 것이라는 거네. 자네는 이것에 필적하는 것을 기술이나 과학, 인간의 종파나 조합의 어디에선가 발견할 수 있는가? 아니면 일상적인 담화의 가장 저급한 형식들에서조차 그렇게 노골적으로 정초되어 있지 않고 비합리적인 것을 만날 수 있던가? 하지만 어쩌면 자네는 말할 테지. 비록 자네가 동시에 **물질**로 의미되는 것과 그것의 **존재**로 의미되는 것이 무엇인지 모른다고 할지라도, 물질은 존재할 수 있노라고 말이지. 이것은 물론 놀라운 일이네. 그것도 자네가 완전히 자발적으로, 그리고 아무런 근거도 없이 그러한 상정에 도달했다면 더욱더 그러하네. 왜냐하면 나는 자네에게 그것을 설명하거나 정당화하는 데 있어서 물질을 필요로 하는 그런 것을 자연 가운데서 나에게 보여줄 것을 요구하기 때문이네.

하일라스 물질의 존재가 상정되지 않으면, 사물들의 실재성은 주장될 수가 없네. 그리고 이것은 왜 내가 그것의 옹호에 그렇게 열심인가에 대한 좋은 이유가 아닌가 하는데, 자네 생각은 어떤가?

필로누스 사물들의 실재성이라! 어떤 사물들 말인가? 감각적인 것들 말인가, 가지적인 것들 말인가?

하일라스 감각적인 사물들 말이네.

필로누스 이를테면 내 장갑 같은 것 말인가?

하일라스 그것이나 감각을 통해 지각되는 다른 어떤 사물 말이네.

필로누스 그러나 개별적인 사물 하나를 딱 정하기로 하지. 내가 이 **장갑**을 보고 만지작거리고 손에 끼고 하는 것이 나에게 있어서는 그것의 존재에 대한 충분한 증거가 아닌가? 혹 이것으로 충분치 않다면, 내가 보지도 않았고 볼 수도 없는 알려지지 않은 한 사물이 알려지지 않은 방식으로 알려지지 않은 장소에 존재하거나 그 어느 곳에도 존재하지 않는다고 상정함으로써, 내가 실로 이 자리에서 보고 있는 이 사물의 실재성을 내가 확신하게 되는 것이 어떻게 가능한가? 만질 수 없는 어떤 것, 볼 수 없는 어떤 것, 일반적으로 지각할 수 없는 것의 가정된 실재성이 어떻게 만질 수 있는 어떤 것, 가시적인 어떤 것, 일반적으로 지각 가능한 어떤 것이 실로 존재한다는 것에 대한 증명이 될 수 있는가? 이것만 설명해 주게나. 그러면 나는 자네를 전적으로 신뢰하겠네.

하일라스 전체적으로 나는 물질의 존재가 심히 있음직하지 않다는 나의 고백에 만족하고 있네. 그러나 그것의 직접적이며 절대적인 불가능성은 고려하고 있지 않네.

필로누스 그러나 우리가 물질이 가능하다고 인정한다 하더라도, 물질이 오직 그 점에만 의존해 금으로 된 산이나 켄타우로스[14]보다 존재를 더 많이 요구할 수는 없네.

하일라스 인정하네. 그러나 그럼에도 불구하고 자네는 그 가능성을 부정하지 않고 있네. 그리고 가능한 것은 자네도 알고 있다시피 현실적으로 존재할 수도 있네.

필로누스 나는 그 가능성을 부정하네. 그리고 내가 틀리지 않다면 말이네만, 나는 자네 자신이 시인한 것들을 토대로 그것이 존재하지 않음을 분명히 증명한 바 있네. 일상적인 의미에 있어서의 **물질**이라는 말로 함의되는 것이 연장을 갖고 있는, 고체의, 형태를 갖춘, 움직일 수 있는, 정신

14) 켄타우로스 : 그리스 신화에 나오는 반인 반마, 즉 상반신은 사람, 하반신은 말의 모습을 한 괴물.

과 무관하게 존재하는 실체 외에 또 무엇이 있겠는가? 그리고 자네는 몇 번이고 되풀이해 인정하지 않았던가? 그러한 실체의 가능성이 왜 부정되어야 하는지 그 근거가 자네에게는 분명하다고 말일세.

하일라스 맞네. 그러나 그것은 물질이라는 표현의 한 의미일 뿐이네.

필로누스 그러나 그것은 꼭 들어맞는 단 하나의 진정한 승인된 의미가 아닌가? 그리고 그러한 의미에서의 물질의 불가능성이 입증된다면, 그것은 단적으로 불가능하다고 상정할 좋은 근거가 아니겠는가? 그렇지 않다면 어떻게 어떤 것의 불가능성이 증명될 수 있겠으며, 실로 어떻게 어떤 것이 마음대로 낱말의 통상적인 의미를 뒤흔들어 놓거나 변경시키는 사람에게 이렇게든 저렇게든 증명될 수 있겠는가?

하일라스 나는 철학자들이 평범한 사람들보다 더 엄밀하게 자신을 표현해야 하며 표현의 통상적 의미에 항상 구속되어 있는 것만은 아니라고 생각했네.

필로누스 그러나 방금 언급된 의미는 철학자들 사이에서

조차 통상적으로 승인된 것이네. 그러나 내가 이를 고집하지는 않겠네만, 물질을 어떤 의미로든 자네 마음에 드는 대로 취하는 것이 자네에게는 허락되지 않았던가? 그리고 자네는 그러한 특권을 최대한도로 사용하지 않았는가? 때로는 그것의 정의를 완전히 바꾸기도 하고, 때로는 생략하거나 또는 당장 자네의 의도에 최대한으로 이바지하는 것을 이미 알려져 있는 이성과 논리의 모든 규칙들에 반해 그 정의에 슬쩍 끼워 넣기도 해가면서 말이네. 그리고 우리의 논쟁을 불필요하게 길어지게 만든 것이 바로 자네의 그러한 변덕스런 불공정한 방법이 아니었는가? 물질은 저들 각각의 의미에서 낱낱이 검토되고 자네 자신의 시인을 통해 논박되지 않았느냐 말일세. 그리고 한 가지 것의 절대적인 불가능성을 증명하는 데에 자네나 그 밖의 다른 누군가가 그것을 이해하는 각각의 의미에 있어서 그것의 불가능성을 증명하는 것보다 더 많은 것이 요구될 수 있는가?

하일라스 그러나 나는 자네가 맨 마지막의 가장 모호한, 가장 추상적이고 가장 불확정적인 의미에 있어서의 물질의 불가능성을 증명했다고 그렇게 완전히 확신하고 있지는 않네.

필로누스 한 가지 것의 불가능성은 언제 드러나는 것인가?

하일라스 그것의 정의 속에 함축되어 있는 관념들 간의 모순이 논증될 때네.

필로누스 그러나 관념들이 전혀 없는 경우에는 관념들 간의 모순이 논증될 수가 없네.

하일라스 동의하네.

필로누스 그러면 자네 자신이 시인하다시피, 자네가 **물질**이라는 낱말의 모호한 불확정적인 의미라 부르는 것 속에는 관념이 전혀 들어 있지 않다는 것, 전혀 없는 거나 진배없는 **알려지지 않은** 의미 외에는 아무런 의미도 들어 있지 않다는 것이 분명하네. 그러므로 자네는 내가 관념들이 전혀 없는 곳에서 관념들 간의 모순을 찾아내거나 알려지지 않은 의미에서의, 즉 도대체 의미라고 할 수도 없는 의미에서의 물질의 불가능성을 증명하기를 기대해서는 안 되네. 나의 과제는 오직 자네가 **무**를 염두에 두고 있다는 것을 드러내 보이는 것일 뿐이네. 그리고 자네는 이것을 시인하게끔 설득되었네. 그리하여 자네의 다양한 의미들 모두에 있어서 자네는 도대체 아무것도 염두에 두고 있지 않거나, 무엇인가를 염두에 두고 있다고 하더라도 불합리한 것을 두고 있을 뿐이라는 것이 드러났네. 그리고 이것이 한 가지 것의 불가능성을 증명하기에 충분치 않다면, 부탁하네만, 그것 말고 또 무엇이 있는지 나에게 알려주게나.

하일라스 나는 자네가 물질의 불가능성을 증명했음을 인정하네. 아울러 그것을 옹호하기 위해 무슨 얘기를 더 덧붙일 수 있는지도 모르겠네. 하지만 나는 그것을 포기함과 동시에 나의 다른 모든 개념들을 의심하게 되네. 왜냐하면 확실히 외관상 그것보다 더 분명한 것이 있을 수 없기 때문이네. 그렇지만 그것은 예전에 참되었던 것과 같은 정도로 지금에 와서는 거짓되고 불합리하게 보이네. 그러나 나는 우리가 문제를 현재로서는 충분히 논의했다고 생각하네. 오늘의 나머지 시간은 아침에 나눈 대화의 여러 주된 점들을 머릿속으로 대충 훑어보는 데 쓰겠네. 내일 같은 시각에 이곳에서 자네를 다시 만나게 된다면 기쁘겠네.

필로누스 틀림없이 자네를 기다리겠네.

# 해설

이 책의 저자 조지 버클리는 논지 개진에 효과적인 대화 기법을 사용해, 우리가 지각하는 감각적 성질의 담지자로서 '물질'이라 불리는 어떤 것이 존재한다고 믿는 이들, 이름 하여 '유물론자들(이 책에서는 '하일라스'가 저들을 대변함)'의 주장을 뿌리째 뒤흔든다. 그의 주장은 정신 속에 있는 관념이야말로 인식의 대상이 될 수 있는 유일하고 참된 실재라는 것이다. 이 책은 바로 이러한 결론을 위한 논변과, 모든 감각적 사물의 궁극적 기초를 위한 논변을 담고 있는 초기 근대 철학의 백미다.

이 책의 가장 큰 특징은 대화 형식을 취하고 있다는 것이다. 책 제목이 말하고 있듯이 하일라스와 필로누스가 사흘 동안 나눈 대화의 기록이다. 여기서 '하일라스'란 '물질' 또는 '질료'를 의미하는 그리스어 'hyle'를 줄기 삼아 만든 이름이고, '필로누스'는 '누스(지성)를 사랑한다'는 의미의 그리스어 'philo-nous'를 음역해 만든 이름이다. '하일라스'는 '유물론자'의 대명사이고, '필로누스'는 버클리를 대변하는 '비(非)유물론자'의 은유인 셈이다.

버클리의 근본 사상은 그 자신의 명명대로 하면 '비유물론'이고, 후세 사람들이 흔히 불렀던 대로 하면 관념론 또는 유심론이다. 그것은 곧 물질 또는 유형의, 의식으로부터 독립적인 실체 같은 어떤 것이 존재한다는 상정을 부정하는 입장이다. 그에게 그것은 너무도 자명해 보였다. 그것은 적어도 형이상학의 난문들 대부분에 대한 대답의 기초로 쓰이고, 당시 주류 철학자들 사이에 퍼져 있던 회의론과 무신론의 유혹을 물리치고, 상식이나 그리스도교의 계시들이 주장하는 모든 것을 아마도 더 세련된 형식으로 보전할 그런 것이었다. 그러나 물질 같은 것은 존재하지 않는다고 하는 버클리의 통찰은, 이렇게 느닷없이, 밑도 끝도 없이, 아무런 설명도 없이 불쑥 말하게 되면, 그의 사상에 친숙하지 못한 독자들에게는 아마도 엉뚱하기 이를 데 없는 것으로 보일 게 뻔하다. 실제로 새뮤얼 존슨처럼 돌을 걷어참으로써 그것을 논박할 수 있다고 믿었던 (투박하긴 하나 부자연스럽지는 않게) 사람도 있다. 스코틀랜드의 철학자 토머스 리드는 널리 유포되어 있던 버클리에 대한 오해를 "내 아버지, 내 형제, 내 친구들–이것들은 내 의식 속에 있는 표상들의 다발에 불과하다"는 말로 담아냈다. 그는 또 비유물론의 정립을 철학자들이 일찍이 대변했던 것들 중에서 철학을 세인의 웃음거리로 만드는

데 일조한 아주 기상천외한 이론이라 평했다. 버클리 역시 이러한 반응을 예상하지 않은 것은 아니었다. 그는 〈첫 번째 대화〉의 첫머리에서 하일라스의 입을 빌려 비유물론의 정립은 '인간이 품어본 바 있는 것들 가운데서 가장 터무니없는 견해'라고 말한다. 이것은 그가 많은 독자들의 첫 반응을 대변한 것이라 할 수 있다. 그러나 그의 의도는 그 견해가 '자연과 상식의 간명한 명령들'에 속하는 것임을 독자들에게 확신시키는 것이었다. 그러면 버클리는 어떻게 이처럼 반(反)상식적인, 통념과 부합하지 않는 사상에 도달하게 되었는가.

우선 버클리는 '유물론'을 근대적 용어법에서 벗어나 물질과 같은 어떤 것이 존재한다고 주장하는 것으로만 이해하는 한편, 그것에서 모든 오류의 원인, 그러니까 회의론과 무신론의 주된 원인을 발견한다. 아닌 게 아니라 유물론은 고내 이래로 무신론을 지지해 주는 버팀목이었다. 극단적으로 밀고 나가면 그것은 물질이 영원히 존재한다는 정립에 이르게 됨으로써 창조하는 신의 가정을 불필요하게 만들기 때문이다. 이에 버클리는 유물론을 논박하게 되면 과학과 철학과 종교에 똑같이 공을 세울 수 있을 것이라고 믿었다.

버클리가 유물론에 가하는 반론은 크게 세 가지다. 첫째로, 유물론은 인간의 지적 능력으로는 이해할 수가 없다는 것이다. 우리에게 주어진 것은 감각적 '관념'뿐이요, 우리가 '사물'이라 칭하는 것은 현실적으로 지각된 관념들의 다발에 불과하며, 관념은 정신 속에만 존재할 따름이라는 것이다. 요컨대 버클리의 원리에 의하면, 감각적으로 지각할 수 있는 사물들의 존재(esse)는 그것들의 지각됨(percipi)에 있다. 다시 말해서 감각적 사물들은 지각하는 정신으로부터 독립적인 존재를 갖지 않는다.

둘째로, 유물론은 그 자체로 모순이라는 것이다. 그쪽 진영의 사람들은 '물질'이라는 말로 누구에 의해서도 표상되지 않는 어떤 것을 염두에 두고 있다는 것이다. 그러나 그들은 그것을 표상하지 않을 수가 없다. 결국 전제에 따르면 누구에 의해서도 표상되지 않는 것이 저들에 의해 표상되는 셈이 되는데, 이것이야말로 명백한 모순이 아니고 무엇이겠느냐는 것이다.

셋째로, 유물론은 검증할 수 없다는 것이다. 설사 그것이 무모순적이라고 하더라도, 우리는 그것의 참됨에 대해 확신을 가질 수 없다는 것이다. 물질 또는 물질적 실체가 우리에게 주어져 있지 않기 때문이다. 유물론 진영의 사람들조차도 유형의 실체가 하나도 없다고 할지라도 우리가 감각적 관념을 가질 수 있음을 인정한다.

버클리는 비유물론이 철학적 편견들로부터 자유롭고 건전한 인간 오성과 완전히 일치한다고 믿는다. 그러나 그 역시 그의 비유물론이 우리의 언어 사용과 무리 없이 일치하지는 않는다는 것은 인정해야 할 것이다. 한 대상을 파악할 때, 우리는 통상적으로 관념을 지각한다고 말하지 않는다. 그리고 정상적으로는 우리가 문제의 대상을 지각하지 않더라도 그것이 존재한다고 상정한다. 그러나 버클리는, 사물의 지속적인 존재는 유한한 정신이 그것을 지각하지 않더라도 무한한 정신, 즉 신에 의해 지각됨으로써 보증된다고 말한다.

그러나 이것은 심각한 문제를 낳는다. 사물의 지속적인 존재에 대한 믿음은 신의 존재에 대한 믿음을 전제하기 때문이다. 그러나 신의 존재에 대한 믿음을 정초하기란 지난한 일일 뿐 아니라, 신의 존재 증명이 설사 성공한다고 하더라도 과연 비유물론이 무신론과의 논쟁에서 유용한 무기로 사용될 수 있는가는 여전히 의문으로 남는다.

그밖에도 사물의 지속적인 존재에 대한 버클리의 설명은 거친 신인동형설(神人同形說)을 포함하는 것같이 보인다. 인간에게서와 동일한 의미의 지각이 신에게 귀속되기 때문이다. 이에 대해 버클리는, 신은 사물의 '원형'을 지각하고 인간은 그 '모형'을 지각한다고 말한다. 그러나 이로써 감각적으로 지각할 수 있는 사물의 존재는 지각됨에 있다는 그의 원리는 다의적이게 된다.

문제는 또 있다. 비유물론이 버클리가 생각하는 것만큼 그렇게 명료한 것이라면, 세계가 유물론과 한패를 이루는 까닭은 무엇인가. 버클리는 이에 대해 추상적 관념—이것을 그는 날카롭게 비판한다—에 관한 자신의 이론의 우월성을 가지고서 설명을 꾀한다. 하지만 추상적 관념에 관한 버클리의 이론이 그렇게 유력한 것이냐 하는 것은 다시 따져봐야 할 일이다.

끝으로 이 책은 하일라스와 필로누스가 연사흘 동안 나눈 대화의 기록으로서 그 대강을 간추리면 다음과 같다. 하일라스는 유형(有形)의 세계의 진리성을 당연한 것으로 간주하는 한편, 유형의 세계에 대한 최근의 과학적 이론과 철학적 이론을 거칠게나마 알고 있을 만큼 충분히 교육을 받은 사람이다. 그가 주장하는 견해는 지각의 직접적 대상은 주관적 관념이라는 것이다. 주관적 관념이란 무엇인가? 유형적인, 감각과 무관하게 존재하는, 독립적인—예외적으로 신에게는 의존적인—실재들의 인상 또는 심상이 바로 주관적 관념이다. 신에 대한 믿음과 그리스도교적 계시에 대한 믿음은 하일라스와 필로누스가 공유하는 부분이다.

필로누스가 내세우는 견해는 버클리 자신의 견해다. 감관에 직접적으로 지각되는 세계는 유일하게 존재하는 유형의 세계이며, 그것의 전체적 존재 양식은 의식의 대상으로서 임시적으로는 우리의 대상이 되지만, 항구적으로는 신의 의식의 대상이 된다는 것이다.

〈첫 번째 대화〉에서는 비유물론의 논변이 시작된다. 그에 따르면, 정신과 유리된, 감각의 대상이나 그 비슷한 것은 없다. 유형의 사물은 관념이다. 물질적 실체에 대한 믿음은 감각적 사물의 실재성에 대한 부정을 함축한다. 〈두 번째 대화〉에서는 우리의 관념의 유래가 논의된다. 그에 따르면, 신이 관념의 유일한 원인이다. 물질 또는 물질적 실체는 관념에 대해 불필요하거니와, 그 존재는 불가능하기까지 하나. 이로써 비유물론을 위한 논변이 매듭지어진다. 〈세 번째 대화〉에서는 각양각색의 반론이 논박된다. 앞서의 대화에서와는 달리, 하일라스가 질문자가 되어 반론을 제기하고 필로누스가 그것을 논박하는 식으로 대화가 진행된다.

비유물론을 위한 핵심적인 논변은 〈첫 번째 대화〉와

〈두 번째 대화〉에 전개되어 있어 마지막 〈세 번째 대화〉는 보론(補論)의 성격을 띤다. 그래서 비유물론의 이해를 위해서는 앞의 두 대화만 읽더라도 충분하다. 마지막 대화를 생략하고 앞의 두 대화만 번역한 이유다.

# 지은이에 대해

조지 버클리는 1685년 3월 12일 아일랜드 남부 킬케니의 토머스타운 인근에 있는 다이사트 캐슬에서 태어났다. 양친은 혈통상으로는 영국계였으며, 신앙상으로는 프로테스탄트였다. 다이사트 캐슬에서 유년 시절을 보낸 버클리는 열한 살 되던 해 킬케니 칼리지에 들어가고, 열다섯 살에는 더블린의 트리니티 칼리지에 진학한다. 1704년, 그러니까 열아홉 살 되던 해 그는 문학사 학위를 받으며, 1707년에는 문학 석사 학위를 받는다. 얼마 지나지 않아 그는 영국 성공회의 신부 서품을 받아 1709년 부제가 되고, 이듬해 사제가 된다. 그 무렵 그는 오늘날 우리가 《철학 노트》라는 이름으로 인용하는 철학적 일기를 작성하기 시작한다.

1709년 버클리는 《새로운 시각 이론을 위한 한 시론》을 발표한다. 거기서 그는 우리가 공간을 보는 것은 시각과 촉각의 규칙적인 공존의 기초 위에서 우리가 무의식적으로 귀납적 추론을 행한 결과라는 견해를 개진한다. 1710년 버클리는 주저 《인간 인식의 원리들에 관한 논고》

를 발표하고, 1713년에는 《하일라스와 필로누스가 나눈 대화 세 마당》을 공간한다. 후자는 전자에 대한 반응이 시원찮은 데 실망해, 논쟁적 대화라는 보다 더 솔깃한 묘사 형식이 그의 철학적 아이디어들의 전파에 이바지 할 것이라는 희망을 품고 펴낸 야심작으로서 대화 문학의 압권이다.

여러 해 동안 이곳저곳을 다니면서 견문을 넓힌 뒤, 1721년 더블린의 트리니티 칼리지로 다시 돌아가 신학 박사 학위를 받고 시니어 펠로우로서 교육과 행정에 전념한다. 1724년 그는 데리의 교구장에 취임하기 위해 펠로우직을 사임한다. 1734년 버클리는 클로인의 주교로 임명된다. 여행과 모험의 날들은 이제 다 지나갔다. 남은 생애 동안 그는 교구민들을 조용히, 그리고 신실하게 보살핀다.

버클리는 슬하에 일곱 자녀를 두었는데 그중 셋이 어릴 때 죽었다. 버클리는 1752년 여름 은퇴해 옥스퍼드로 주거를 옮긴다. 크라이스트처치 칼리지에 입학한 둘째 아들 조지의 대학 교육을 보살피기 위해서였다. 그는 1753년 1월 14일 주일날 저녁 홀리웰 가(街)의 자택에서 아내가 읽어주는 성경 구절을 듣다가 갑자기 숨을 거두었다. 그는 유언장에서 신체에 부패 징후가 나타나기 전까지는 장사를 지내지 말 것을 당부했다. 유언에 따라 그의 장례는 그 다음 주 토요일에 치러졌다. 그의 유택은 크라이스트처치 대성당 안에 마련되었다.

# 옮긴이에 대해

한석환은 숭실대학교 철학과를 졸업하고 독일 괴팅겐 대학교와 함부르크 대학교에서 수학했으며, 숭실대학교 대학원에서 철학 박사 학위를 받았다. 강릉대학교 철학과 교수와 독일 콘스탄츠 대학교 객원교수를 지냈으며, 현재 숭실대학교 철학과 교수로 재직하고 있다. 《문제를 찾아서》, 《철학의 명저 20》, 《서양 고대 철학의 세계》, 《한국철학의 탐구》, 《존재와 언어》 등을 단독 또는 공동으로 저술했으며, 《철학자 아리스토텔레스》(J. L. 아크릴), 《철학의 거장들》(O. 회페), 《철학자 플라톤》(M. 보르트) 등을 단독 또는 공동으로 번역했다. 서양 고대 철학, 존재론, 수사학이 주된 관심 분야다.

# 원서발췌 하일라스와 필로누스가 나눈 대화 세 마당

지은이 조지 버클리
옮긴이 한석환
펴낸이 박영률

초판 1쇄 펴낸날 2012년 3월 19일
개정1판 1쇄 펴낸날 2026년 1월 20일

커뮤니케이션북스(주)
출판등록 제313-2007-000166호(2007년 8월 17일)
02880 서울시 성북구 성북로 5-11
전화 (02) 7474 001, 팩스 (02) 736 5047
commbooks@commbooks.com
www.commbooks.com



지식을만드는지식은
커뮤니케이션북스(주)의 고전 출판 브랜드입니다.


ISBN 979-11-430-1680-5 03160

책값은 뒤표지에 있습니다.